El aire que me falta

El aire que me falta

Historia de una corta infancia y de una larga depresión

LUIZ SCHWARCZ

Traducción de
Mercedes Vaquero

LITERATURA RANDOM HOUSE

Penguin
Random House
Grupo Editorial

Título original: *O ar que me falta.*
História de uma curta infância e de uma longa depressão

Primera edición: mayo de 2022

© 2021, Luiz Schwarcz
Publicado por primera vez por Companhia das Letras / Editora Schwarcz
Derechos de traducción acordados por MB Agencia Literaria S.L.
y The Clegg Agency, Inc., USA
Reservados todos los derechos
© 2022, Penguin Random House Grupo Editorial, S.A.U.
Travessera de Gràcia, 47-49. 08021 Barcelona
© 2022, Mercedes Vaquero, por la traducción

Printed in Spain – Impreso en España

ISBN: 978-84-397-3988-3
Depósito legal: B-5.245-2022

Compuesto en La Nueva Edimac, S.L.
Impreso en Liberduplex
(Sant Llorenç d'Hortons, Barcelona)

RH39883

ÍNDICE

A Láios, mi abuelo

O que dá pra rir, dá pra chorar.
Questão só de peso e medida.

BILLY BLANCO
(cantado por Os Originais do Samba)

Siempre busco, y mi búsqueda
se convertirá en mi palabra.

CARLOS DRUMMOND DE ANDRADE

1

EN LA CIMA DE LA MONTAÑA

El teleférico nos había dejado en el punto con mejores vistas de las montañas. Llegar a la cima, contemplar alrededor aquel universo blanco en el que las ráfagas de sol marcaban con luces y sombras cada uno de los surcos de la cordillera, debería haberme suscitado gran alegría. El descenso equivalía a doce kilómetros de placer. Pocas pistas de esquí son tan largas, sin interrupciones para tomar un nuevo teleférico. Todos los que suben allí por primera vez se detienen unos minutos a observar las vistas. Es estupendo respirar el aire limpio, rodeado de nieve que se ve por todas partes, bajo nuestros pies o en las montañas más alejadas. La sensación de estar cerca del cielo, en un espacio tan vasto, hace que los efectos de la respiración sean más intensos.

La preparación para el descenso incluía una bocanada de aire en los pulmones y un sentimiento de complicidad con la naturaleza. Pero, por motivos poco o nada racionales, nada de eso me estaba pasando en aquel momento.

Me agaché para ajustarme las botas y disimular ante mi instructor, o ante mí mismo, la angustia que se estaba apoderando de mi respiración y de mi mirada. Me tomé más tiempo de lo habitual solo para recuperar el aliento, intentando eliminar aquello que me bloqueaba la garganta justo cuando esperaba todo lo contrario.

El contacto con el aire puro en la cima, la velocidad de la bajada, eran un buen antídoto para la depresión que padezco. No he esquiado muchas veces, pero estar en la montaña y practicar deporte durante gran parte del día tiene un efecto terapéutico, es sinónimo de alegría y relajación. En las alturas solo soy responsable de disfrutar de la naturaleza. La actitud es la misma en las montañas nevadas o en las que frecuento en Brasil, donde me entrego a las aguas heladas de los ríos y cascadas sin poder corregir su curso, sin poder editar nada de lo que me rodea, sin atribuirme ninguna responsabilidad por algo que no está bajo mi control. La montaña requiere un ejercicio de humildad, exige sumisión a lo que no fue creado por el esfuerzo humano. A cambio, proporciona gran placer.

Otro factor importante debía servir como garantía de felicidad en aquel viaje. Por primera vez llevábamos a esquiar a nuestras nietas, Zizi y Alice. Después de explorar las pistas más rápidas por la mañana con mi instructor, por la tarde me divertía esquiando con ellas, participando en sus aventuras en la nieve. Por lo demás, de vuelta en el hotel, dedicábamos las horas a charlar, a jugar y a prepararnos para la cena, durante la cual las dos disfrutaban de la comida regional. Hace tiempo que estar con «las niñas» pasó a ser uno de los aspectos centrales de mi vida, un contrapunto a una existencia en la que me alejé de amigos y restringí mis contactos al ámbito profesional, haciendo amistades siempre limitadas al mundo de los libros y viviendo, la mayor parte del tiempo, rodeado de la familia o en silencio.

Así que llegar a la cima esa mañana, con los pulmones contraídos y sin aire, con un inexplicable nudo seco en la garganta, fue un shock, una reversión completa de lo que había imaginado o soñado durante meses.

No solo la montaña me exigía humildad. La depresión me exigía mucho más.

* * *

Asustado por el esfuerzo que tenía que hacer para que el aire entrara en mis pulmones, no pensaba, al principio de esta historia, en el día en que percibí los síntomas iniciales de la depresión. Pocos, entre los que padecemos esta enfermedad, recuerdan con exactitud el momento en que advertimos por primera vez las señales, que aparecen cuando identificamos algo entre la garganta y los pulmones, un obstáculo que vuelve más exiguo el espacio para el aire, que dificulta el acto de respirar. En general, la depresión borra el recuerdo remoto, tiene una memoria corta, acentúa el dolor reciente, despreciando prácticamente cualquier rastro de historia. Eso era lo que sentía allí arriba, y no quería volver a sentirlo nunca más.

Si me esfuerzo por recordar el comienzo de mi enfermedad, es posible construir una narrativa. Recuerdo el aire que me faltaba en la cumbre y me viene a la mente la figura de mi padre, que nunca estuvo allí.

Antes incluso de la imagen del iris verde de mi padre, mi depresión apareció como un sonido. El sonido de sus piernas golpeando sin parar contra la cama en la habitación de al lado, donde mi padre sufría para poder dormir. El iris verde, en contraste con la esclerótica a menudo humedecida y rojiza —que llenaba de agua la bolsa inferior de sus ojos, donde las lágrimas quedaban reprimidas— pasó a ser la imagen principal de él, algunos años después del sonido grave que se filtraba a través de la pared, PA, PA, PA, PA, PA… No lograba ocultar o controlar aquel ruido seco, poco más o menos el opuesto complementario de los ojos húmedos. No recuerdo con exactitud cuándo oí por primera vez el tambor aflictivo, o sí, creo que sí lo sé: fue también cuando me deprimí por primera vez. Fue mi primer gran susto, al intuir que no sería capaz de atender mis deberes de hijo único. En ese momento comprendí, aun siendo muy pequeño, que no podría garantizar la felicidad de mi padre, consciente ya de que esta sería, para siempre, la misión más importante de mi vida. Una misión en la que fracasé por completo.

2

LO QUE SE QUEDÓ EN BERGEN-BELSEN

Trece años y medio después de la muerte de mi padre, aún puede ser arriesgado afirmar con seguridad las causas de su insomnio. Hasta mis diecisiete años, poco sabía yo sobre su pasado, excepto un detalle que era mayor que cualquier secreto. André Schwarcz, el chaval András, o Bandi, que era el apodo de todos los Andrés o András en Hungría, sobrevivió al huir del tren que lo llevaba al campo de concentración de Bergen-Belsen. Su padre, Láios, Luiz como yo, que iba en el mismo vagón, se quedó en el tren y nunca volvió del campo. András tenía entonces diecinueve años. Láios fue visto con vida cuando los aliados liberaron Bergen-Belsen, pero estaba tan débil que ya no podía caminar ni alimentarse. Mi padre no lo supo hasta los años sesenta, después de más de dos décadas imaginando cómo murió el suyo. ¿Por un disparo de rifle? ¿En las «marchas de la muerte» que los judíos eran obligados a realizar entre un tren y otro de camino a los campos de exterminio? ¿En la cámara de gas? ¿De tifus?

Algunas de estas particularidades me las contarán muchos años después. Para lo que ahora importa, baste decir que mi madre intentó explicarme, incluso durante mi infancia, el origen de la tristeza de mi padre: sus problemas para dormir, el ruido de sus piernas al golpear la cama por la noche. A una edad muy temprana, aprendí el significado de la palabra «culpa» como algo que fundamentaba mi existencia, algo que iba más allá de los ojos o las piernas de mi padre. Su culpa por haber sobrevivido a mi abuelo, por no haberlo salvado o acompañado en la muerte, no permitía descanso, ni siquiera los felices sueños que él, junto con mi madre, me deseaban cada noche al borde de la cama. Es probable que mi padre no durmiese ni soñase porque el pasado volvía como vigilia absoluta. Cuando me decían que soñara con los angelitos, ¿se referían a un ángel que protegiera mi sueño contra pesadillas de diversa índole, contra los golpes de las piernas de mi padre, o al ángel que vendría con retraso a salvar a mi abuelo paterno, y dejaría así dormir a mi padre y a toda la familia?

La orden o el empujón que Láios da, y que András acepta, en un momento en que el tren se detuvo, se transformará a lo largo de los años en las patadas secas en la cama, en las lágrimas contenidas en las ceremonias de Yom Kippur, en dificultades para expresarse, en accesos de rabia y tristeza. Pasar la vida bajo el yugo de una imagen hegemónica, la de haber sido salvado por el empujón de su padre, le costó mucho a André. La noche que me contó buena parte de su historia reprodujo, con gran emoción, la frase que oyó de Láios: «Huye, hijo mío, huye». ¿Quién puede imaginar lo que representa el hecho de haber obedecido en el momento en que debía haber sido un buen hijo a la inversa, aquel que desobedece la orden paterna de escapar y salvar la propia vida?

András era el más joven y el único varón de la familia, y sentía todo tipo de culpa con relación a Láios. No paraba de decir que nunca había sido un buen hijo, que había sido un pésimo estudiante, que había causado problemas en la escuela; que su padre era severo y que, durante los diecinueve años que convivieron, le había causado muchos disgustos al tapicero de Budapest.

No sé casi nada de mi abuelo. Sé que tenía esa profesión, que era pobre, religioso, razonablemente culto, demasiado serio y muy valiente. En la única foto que he visto de él, parece tan convencido de su propio valer que asusta. La relación con su hijo no era buena, y aunque Láios se mostrara severo, era tranquilo, hablaba poco y bajito. Por el miedo que su retrato me inspiraba de niño, imagino que tanto su bondad como su autoridad estaban matizadas por un silencio altivo, y su profunda mirada era difícil de soportar.

En una ocasión, Láios descubrió a su hijo en una barbería cercana acicalándose para ir a un cóctel en sabbat, el día de la semana sagrado para los judíos que observan los preceptos escrupulosamente como él. No le dijo nada hasta que András volvió a casa. Este pensó que iba a pegarle o a echarle una buena reprimenda, pero Láios solo le aconsejó que la próxima vez que quisiera profanar el sabbat fuera a una barbería de otro barrio. Debió de expresarse en un tono tan severo que André no volvió a afeitarse en sábado. Casi nada de la información que tengo sobre mi abuelo procede directamente de mi padre, que hablaba poco de él. De boca de André solo salía la penitencia del hijo rebelde.

La familia Schwarcz procedía de Miskolc, uno de los mayores centros urbanos de Hungría, donde la comunidad judía era significativa. Nuestro nombre, de origen alemán, se escribía de una manera particular, con una C antes de la Z. Esto se remonta a la época en que los judíos húngaros, con el fin de fortalecer los vínculos con los judíos europeos, quizá durante el Imperio austrohúngaro, imitaban a sus compatriotas de entonces eligiendo nombres diferentes de los locales, algo que sin duda mi abuelo no pudo decidir. Los Schwarcz se mudaron a Budapest cuando mi padre tenía solo dos años. A pesar de su condición humilde, Láios era profundamente respetado en la comunidad judía.

Otra característica de Láios, y también de András, era la intrepidez. El primero lo pagó con la vida, el segundo con la culpa y la depresión. Cuando escribía este libro descubrí que, en cierta ocasión, padre e hijo expulsaron de las inmediaciones del edificio donde vivían a un grupo de simpatizantes del Partido de la Cruz Flechada, la milicia nazi de Hungría. En Budapest, en vísperas de la ocupación de la ciudad por las tropas de Eichmann o incluso mientras esta se llevaba a cabo la política con respecto a los judíos experimentó fluctuaciones. Al principio, los dirigentes húngaros intentaron resistirse a las leyes antisemitas nazis, generando una falsa tranquilidad en la comunidad judía local. Con el tiempo fueron cediendo, hasta que el país fue ocupado totalmente por las tropas de Eichmann. Sin embargo, el juego político trajo consigo idas y venidas, con diferentes grados de persecución y opresión a los judíos. En un intervalo en que los nazis húngaros perdieron poder, András y Láios, creyendo que la nueva situación perduraría, plantaron cara a los milicianos nazis. Pero la tregua duró poco y, en cuanto los simpatizantes del Partido de la Cruz Flechada retomaron el poder, ambos fueron detenidos y enviados al campo de concentración. Así, la venganza contra aquel acto de valentía llegó rápido, y las mujeres de la familia fueron perdonadas, para demostrar que la sentencia pretendía castigar a padre e hijo por haberse enfrentado con los nazis.

Láios ya corría peligro antes de eso por celebrar el culto judío en una sinagoga improvisada en su domicilio. Los detalles sobre la sinagoga clandestina en casa de mi abuelo –la casa de la estrella amarilla– volvieron al recuerdo de mi padre a través del relato de un superviviente de la guerra, publicado en un periódico judío húngaro en los años sesenta. Este llegó a manos de mi familia a través de un primo lejano que hablaba portugués muy mal y tenía una carnicería en Bela Vista. En el texto, el periodista aficionado rendía homenaje a la valentía del tapicero que había desafiado las leyes e invitado a los judíos a mantener el culto religioso en su residencia de la calle Paulay Ede 43, transformada en sinagoga clandestina. En el artículo también se decía que András y sus dos hermanas ayudaban a preparar el lugar para las ceremonias.

André no descubrió hasta los años sesenta, durante un viaje a Viena, que Láios había sido visto con vida cuando los aliados entraron en Bergen-Belsen. Ello alivió el peso de al menos una de las dudas que aún llevaba sobre los hombros.

En esa ocasión, yo acompañaba a mis padres. Recuerdo vagamente al amigo de mi padre que le comunicó la noticia al encontrarse en una pastelería; aunque con frecuencia creo que tal vez fantaseé con mi presencia en aquel momento tan importante.

El viejo religioso había escapado del fusilamiento y de la cámara de gas. Aun así, a Láios no le quedaban fuerzas para volver con su familia. Dicen que al final lo llevaban en una camilla, algo excepcional en un campo de concentración y señal de respeto y admiración por parte de sus compañeros hacia un hombre sabio que acabó muriendo de inanición y debilidad.

Llegué a conocer a mi abuela paterna, aunque no recuerdo nada de ella. Yolanda permaneció en Hungría cuando mi padre se marchó a Italia después de la guerra con la intención de abrir camino para que todos los miembros de la familia emigraran a Israel. En la lotería que era conseguir un visado de emigración en la posguerra, a André le tocó Brasil y mis dos tías, ya casadas, se quedaron con su madre. Después de un tiempo, decidieron no esperar más los documentos que mi padre intentaba obtener. En 1948 huyeron a Australia. Mi padre ya había llegado a Brasil en 1947, cuando el país cerró de forma transitoria sus puertas a los judíos. Era una época en la que todo cambiaba rápidamente, como si la política estuviera influida por vientos que casi siempre soplaban en contra de los judíos. A pesar de la derrota del nazismo, aún faltaba mucho para que los judíos fueran considerados ciudadanos del mundo, con la libertad de emigrar, dejando atrás las tierras que guardaban el recuerdo de la persecución.

Según mi madre, tras la partida de sus hijas, detuvieron a Yolanda en una comisaría de policía y luego la obligaron a permanecer en arresto domiciliario. Castigada por la evasión ilegal de sus hijos. Se trata de uno de los episodios más oscuros de la historia de mi familia paterna. Liberada seis meses después, permaneció en Budapest durante varios años, y no vino a Brasil hasta 1955 para la boda de mis padres. El hecho de que cada uno de sus hijos siguiera su camino, dejando a su madre sola en Hungría, fue algo típico de la vida de los judíos en la posguerra, y generó una discordia entre los hermanos que duró mucho tiempo. Mi padre se ofendió con Magda y Klari por partir sin llevarse a su madre. Las relaciones entre ellos solo se restablecieron años después, con la ayuda de mi abuelo materno. Después de jubilarse, André se reunía cada año con sus hermanas en Budapest. Pasaban dos semanas en un balneario, por invitación del benjamín, sin resentimientos y habiendo hecho las paces de alguna manera con los duros recuerdos.

Es curiosa la foto del álbum de boda de mis padres en la que mi abuela lleva a mi padre al altar. El primer plano muestra a mi padre sonriendo. Yolanda vivió tres años en Brasil, en un pequeño apartamento en el centro. Se negaba a quedar con mi madre porque esta no observaba los preceptos del kashrut. Se quejaba mucho de que mi padre no tuviera el mismo cuidado religioso con la comida en su casa, y le invitaba a cenar a solas con ella en sabbat. Compraba carpas vivas para cocinar que mantenía durante días en la bañera del apartamento.

Yolanda se sometió a una cirugía de cataratas mientras estuvo en Brasil, y se quedó en casa de mis padres durante su recuperación. Se negó a comer la comida de mi madre, que compró nuevos utensilios de cocina para seguir los estrictos rituales de la ley judía y complacer a su suegra. Mirta le aseguró que no mezclaría carne con leche, y que no entraría en la cocina ningún tipo de crustáceo o carne de cerdo. Aun así, para que mi abuela comiese algo, mi padre se vio obligado a buscar comida en los restaurantes de Bom Retiro, que cumplían estrictamente con el kashrut.

Al no adaptarse al país, Yolanda se mudó a Australia a vivir con sus hijas. Lo curioso es que Klari, la hermana mayor de mi padre, había emigrado bajo otro nombre y criado a su hijo, Tom, mi único primo hermano, como protestante aunque no practicaba ninguna religión. Para no parecer judía, mi tía se había operado la nariz cuando aún estaba en Europa.

El disfraz de protestante fue algo habitual durante la guerra y la posguerra. Quizá fuera especialmente común entre algunas familias húngaras. A finales de los años sesenta conviví con una familia húngara, que residía en el piso de encima del nuestro en un edificio de la calle Alagoas. El matrimonio y su único hijo mantuvieron en secreto su religión durante más de veinte años. Puede que el niño, como mi primo, ni siquiera supiera que era judío. No sé si fue debido a la vergüenza por nuestra presencia en el edificio, pero al cabo de un tiempo los vecinos asumieron abiertamente su judaísmo.

Tom se enteró de que era judío con la llegada de nuestra religiosa abuela a Australia. Si Yolanda no aceptaba la cocina gentil de mi madre, ¿qué no le diría a una hija que nunca había hablado de sus orígenes a su propio hijo? La hermana mediana, Magda, asumió la responsabilidad de proveer alimentos estrictamente kosher en su casa para que Yolanda pudiera comer en familia.

No estoy en posición de afirmar si mi abuelo o mi abuela sufrían de depresión. Si tengo que arriesgarme, la mayor probabilidad está en el lado femenino. Lo que sí puedo asegurar es que Mirta y André reproducían en menor grado la diferencia cultural que existía en el matrimonio de mis abuelos. En posiciones opuestas. Yolanda no tenía cultura mientras que Láios era considerado un hombre culto. En el caso de mis padres, Mirta era más culta que mi padre.

En los casi tres años que vivió en São Paulo, Yolanda apenas salió de su apartamento; solo hablaba húngaro y lo más probable es que me viera muy poco. Tras el período que pasó con sus hijas en Australia, enfermó y murió de cáncer. Klari, la mayor, siempre sufrió episodios depresivos que la acompañaron hasta su muerte. Magda permaneció unos años más en Australia y, al separarsede su marido, emigró a Israel, cumpliendo el plan original de todos. Ni ella ni mi padre tuvieron nada de depresivos hasta el gran trauma que este último experimentó. Los psiquiatras entienden los traumas como una de las causas más comunes de la depresión, con independencia de cualquier genoma. Debe de haber sido el caso de André.

* * *

La historia de mi padre y de mi abuelo durante la guerra solo me la contarán en dos ocasiones: cuando enviaron a mi padre aquel artículo sobre la sinagoga en casa de mi abuelo, y muchos años después, de forma más pormenorizada, una noche de sabbat. Tenía diecisiete años en ese momento. Emocionado tras ver un documental sobre el gueto de Varsovia, mi padre decidió por fin explicarme su historia, de la que nunca volvería a hablar.

La imagen paterna del mal hijo, que obedece a su padre en el momento equivocado, condicionó mi forma de ser. André fue un hombre generoso y amable. Pero la culpa siempre fue mi herencia principal. Si András había fracasado por partida doble –incumpliendo con frecuencia el rigor religioso de Láios y aceptando que este le salvara la vida–, yo tenía que acertar, salvar a mi padre de la tristeza, proporcionar una felicidad que la rememoración constante del pasado impedía.

Era pequeño cuando oí por primera vez el golpeteo que acompañaba al insomnio de André. No sabría precisar mi edad. Tampoco sé cuándo tuvo lugar la conversación en la que mi madre me explicó el origen de los problemas de mi padre, su descontrol nocturno, los bandazos que daba en su modo de comunicarse, a veces dulce y otras desequilibrado, la violencia con la que reprimía mis primeras travesuras y algunos de los tratamientos psiquiátricos a los que se sometió; y que en mi memoria incluían los electrochoques. El peregrinaje de André por neurólogos, psicólogos y psiquiatras duró décadas. De vez en cuando abandonaba los tratamientos, aunque por poco tiempo: sin fármacos y seguimiento médico apenas lograba pegar ojo. De temperamento muy reservado, nunca compartía nada sobre sus terapias, ni siquiera con mi madre. Durante muchos años utilizó medicamentos muy fuertes para el insomnio, como el Dormonid y el Rohypnol, administrados en la actualidad como preanestésicos.

Revivo hoy el nudo en el estómago o la falta de aire que sentí al enterarme de la fragilidad de mi padre. Todavía era joven para conocer el significado de la palabra «depresión», ni para manifestar comportamientos abiertamente depresivos.

André siempre hablaba bajito, descoordinado, pero tenía una voz llena de ternura. Como todos los húngaros, se equivocaba con el género de las palabras y acentuaba las sílabas iniciales. Tenía una sonrisa franca y entonaba bien. Cantaba música gitana como un tenor de una ópera de Verdi. Aun así, al cantar era un gitano convincente. Sin embargo, cuando se descontrolaba, sus gritos resonaban por la casa. Fue al oír el golpeteo de las piernas en la cama o sus arrebatos de violencia verbal cuando experimenté por primera vez la falta de aire o el nudo en la garganta que sufriría tantos años después en la pista de esquí. Y fue entonces cuando aprendí lo que significa tener miedo.

3

LA SEPARACIÓN

Recuerdo el día en que mi madre me despertó y me pidió que fuera a su cama. Estaba sola. Creo que era sábado. Así me enteré de que mis padres se habían separado. El susto de la separación y el solitario acceso a la cama materna son mis únicos recuerdos de aquella conversación. A partir de esa fecha, comenzaría a ver a mi padre cada dos fines de semana, en su pequeño apartamento de la alameda Barão de Limeira, no muy lejos de la calle Bahía, donde nací y vivía. También pasaría las tardes dando mis primeras patadas a pelotas improvisadas en el patio trasero del Club Húngaro, donde él iba a jugar al *remy*, una especie de *buraco* con acento húngaro. Creo que tenía cinco años. Los días que yo iba a casa de André, para no perderse la partida de cartas, me dejaba con otros niños durante unas horas, y daba una propina a un empleado del club para que me vigilara. Así y todo, los recuerdos que guardo de esos fines de semana son de cariño y dedicación con que me trataba mi padre, que no había querido la separación. Al contrario, André me utilizaba para obligar a Mirta a volver con él y aceptarlo en el apartamento. La separación se formalizó rápidamente. Se acordó que mi padre debía devolverme en la portería del edificio, sin poder establecer contacto con su exmujer.

De esa época, que duró algo más de un año, recuerdo también dos viajes con mi madre. Uno más largo, a Campos do

Jordão, y uno breve, a Río de Janeiro. Guardo en la memoria tanto los juegos y las comidas en el Grande Hotel de Campos —en especial el *beef tea*, una especie de jugo de carne que solía tomar, probablemente por estar escuálido— como los paseos por la playa de Copacabana, donde miraba fascinado los postes de las porterías sin red en la arena. Quizá venga de ahí mi atracción por la posición de portero, que tan importante sería en mi juventud.

El hotel de Campos, que luego estuvo cerrado durante décadas, era muy grande, como su nombre indicaba. Tenía arboledas de pinos, lagos con nenúfares y hortensias alrededor, muchas habitaciones y una piscina que tal vez no fuera de las más grandes pero que a mí me lo parecía. Desde mi punto de vista, a solas con mi madre, todo me parecía inmenso, como si fuéramos dos pequeñas manchas en un universo que atraía y asustaba a la vez. Acaso el espacio que quedaba debería haber sido ocupado por mi padre.

* * *

La explicación sobre la separación está fijada en mi memoria de joven, no de niño. Lo que sé del hecho me lo contaron con el tiempo, y describe un matrimonio desequilibrado desde el principio, un marido de gran corazón pero intelectualmente sencillo y poco interesado en los asuntos culturales, con su grupo de amigos húngaros y el ocio centrado en los juegos de cartas, que ocupaban todo el fin de semana. A mi madre, más culta y admiradora de la literatura y las artes plásticas, no le gustaban las cartas, no hablaba húngaro y tenía poca amistad con el grupo que había llegado a Brasil con mi padre. Consideraba que el ambiente entre sus amigos era bastante promiscuo, relacionando el comportamiento de la comunidad húngara con las prácticas de la Viena modernista, donde, según ella, era habitual el *haus freund*, una especie de *ménage à trois*, normalmente entre dos hombres y una mujer. Para Mirta, las constantes aventuras extraconyugales que surgían en las fiestas y los maridos juerguistas que no daban explicaciones a sus mujeres eran la norma entre las parejas del grupo de André. Varias de las mujeres disfrutaban de la misma libertad, algo que nunca estuvo en el propósito de mi madre. Según ella tenían culturas muy diferentes.

Mi padre no quería dejar su juego de cartas, mientras que Mirta deseaba un matrimonio distinto, quería más compañía. La soledad se volvió insoportable. Una vez se consumó la separación, mis abuelos hicieron lo posible para que no hubiera reconciliación. Incluso recurrieron a los vecinos, de los dos edificios donde vivíamos en esa época, para verificar si mis padres se veían.

Mi madre también era hija única. Mi abuelo le había prohibido estudiar medicina. Para él, la universidad no era lugar para mujeres, además de que temía que su hija se enamorara de un no judío y se viera envuelta en disturbios estudiantiles. Mirta se vio obligada a estudiar secretariado y a trabajar con sus padres mientras esperaba que llegara el día de su boda, cuando se ocuparía del cuidado de la casa. Algo que hizo al casarse con André, el apuesto joven al que deseó desde la primera vez que lo vio en un baile en el Club Húngaro. Unos años más tarde, como secretaria de mi abuelo, mi madre volvió a ver a mi padre en la imprenta de la familia, ya que él trabajaba como representante comercial de un fabricante de papel. André iba a menudo a Cromocart, donde al principio mantenía una excelente relación con mi abuelo. Cuando su hija se mostró interesada por el extravertido y agradable vendedor de papel, Giuseppe salía por una puerta lateral cuando veía entrar a André por la puerta principal.

Mirta se casó con dieciocho años y André con treinta. Mi abuelo intentó impedir esa precoz unión; se llevó a mi madre a pasar un mes en Europa, buscando distraerla y convencerla de que olvidara su pasión juvenil. No tuvo éxito. Al regresar de la gira con Giuseppe, Mirta exigió a sus padres que aceptaran la boda, cuya fecha de celebración se fijó poco después.

Mi padre empezó a trabajar con su suegro después de casarse; idea desafortunada desde el comienzo. En la imprenta de tarjetas, hacia la que apuntaba mi futuro, no había paz. A veces fantaseo con la idea de que, cuando nací, mis padres y abuelos colocaron en la puerta de la habitación en la maternidad una tarjeta de bienvenida, impresa en Cromocart Artes Gráficas, con las palabras: «Bienvenido, querido heredero, la imprenta de la avenida Rio Branco te espera».

Así, la empresa de la que mi abuelo tanto se enorgullecía era escenario de peleas diarias entre suegro y yerno. Esperaban que mi llegada trajera paz a la familia, y que años después mi abuelo me pasara el testigo. No sucedió ninguna de las dos cosas.

Con la separación, mi padre dejó la empresa y mi madre volvió a ejercer su función de secretaria de la imprenta para pagar los gastos de la casa.

Tras la reconciliación, mis abuelos nunca dejaron de interferir en la relación de mis padres. Durante un año más o menos, André siguió trabajando en un taller de plisados que había fundado con amigos húngaros después de separarse. Más tarde, paradójicamente, mi abuela exigió que mi padre volviera a Cromocart, y dejara el modesto taller del barrio de Bom Retiro, donde era muy feliz. Mici ignoró las desavenencias que Giuseppe y ella tenían con su yerno para poder viajar con su marido, a quien en realidad no le gustaba dejar su trabajo y prefería ver a mi padre lejos de la imprenta. El taller de plisados era menos rentable que el trabajo en Cromocart, pero André y Mirta eran más felices sin la sombra de la difícil convivencia entre suegro y yerno. Sin embargo, claudicaron ante la presión y la promesa de que mi abuelo se retiraría en un futuro próximo. Esa fue una de las pocas promesas que Giuseppe no estuvo nunca cerca de cumplir.

Aunque la vida en familia parecía ser normal, mis abuelos sentían hacia mi padre una sorda animosidad, que nunca se extinguió. Todos los sábados a la hora de comer, o en las cenas de las fiestas judías, íbamos al apartamento de Giuseppe y Mici en la calle Piauí, frente a la plaza Buenos Aires, y después al de la calle Pernambuco. En general no había peleas, pero faltaba algo en el círculo de amor familiar, donde los afectos eran muy desiguales. El único punto en común era el heredero.

Mis abuelos también se disputaban mi posesión con mis padres. El primer hijo y nieto se convirtió en el blanco de todos los mimos, especialmente por parte de Mici. Ella y Giuseppe me trataban como si fueran más que abuelos. Parecía tener dos padres y dos madres. Todos tenían mucho amor que ofrecer, algo que solo empeoraría con el tiempo.

Desde muy joven me fui transformando en una de las personalidades fuertes de la familia, solo superada por mi abuelo. Fuera del ámbito doméstico, Giuseppe era un hombre generoso. Sin embargo, no respetaba ni a su mujer, ni a su hija, ni tampoco a su yerno. Siendo aún preadolescente, pasé a ser la única persona a la que escuchaba.

Antes de que eso ocurriera, me convertí en confidente de mis padres. Empezó en el período de separación y se agravó con el tiempo. Me sentía atrapado en la telaraña de las quejas de mi padre, los cuidados de mi madre y las promesas de amor a su hijo único por parte de ambos. De este modo, me exponían su fragilidad, sin disimulo. Arrastrado de un lado a otro, no sabía si podía confiar en la fuerza de aquellos que debían ser mis primeros héroes y principales ejemplos. Adquirí un gran sentido de la responsabilidad, agravado por el hecho de que, cuando retomaron su matrimonio, siempre les oí repetir que volvieron a estar juntos por mí.

Un domingo durante la separación, cuando subí al apartamento sin mi padre, empecé a darle puñetazos a mi madre en el estómago, culpándola. Afectada, Mirta me contó que por primera vez en su vida se puso ciega de whisky a solas y pidió a mi padre que volviera a casa. Sin duda, ese día fui consciente de mis poderes infantiles. Está claro que mis padres tenían dentro algo fundamental para la reconciliación, pero es muy significativo que aún hoy, casi sesenta años después, la responsabilidad recaiga sobre mis hombros.

Me convertí en un chico muy serio y responsable. Imagen que se le quedó grabada a mi abuelo, que antes de eso, y sin ningún mérito por mi parte, ya idealizaba al nieto. Es posible que, debido a la configuración de la familia, aunque yo no desarrollara de forma precoz estos rasgos de personalidad, Giuseppe llegara a depositar una descabellada confianza en mí.

Ante las expectativas exageradas, empecé también yo a exigirme demasiado. Si esta combinación no me provocó una depresión infantil, sin duda agudizó en mí la sensación de ser muy importante para el matrimonio de mis padres y para, en un futuro, evitar que André se hundiera en una profunda tristeza. En las últimas décadas de su vida, haría recaer aún más sobre mí la responsabilidad de salvar su matrimonio, que, aparte de un breve período tras la reconciliación, siempre fue frágil. Fui crucial desde pequeño para mantener a flote un matrimonio con varios motivos para acabar mal, y nada de lo que yo pudiera hacer lo hubiera hecho feliz. Ni de niño ni de joven era capaz de darme cuenta de ello.

Por eso, la imagen que conservo de mí de muy pequeño es la tomada por un fotógrafo profesional: el pelo engominado, la ropa colocada con esmero por mi madre, sentado con los pies en el aire —no llegaban ni al final del sofá— en casa de mis abuelos. En mi regazo, una pequeña guitarra que no sabía tocar. La pose incluía una sonrisa angelical y una mirada dirigida hacia arriba, distante.

Años después, mi madre me haría posar para un retrato al óleo. Tenía unos siete años. Pasé horas vestido con una camisa de marinero, blanca y azul, y acepté esa tortura sin rechistar. Lo que se ve en el cuadro, que hoy decora una pared del dormitorio de mis nietas, es un niño adulto, un marinero concentrado en un cuerpo de niño que, a diferencia del niño de la foto, no sonríe al cielo ni al retratista.

En aquellos años, cuando empecé a pedir un hermano o una hermana, recibía respuestas incómodas por parte de mis padres. Solo más tarde supe que tres o más de mis hermanos no llegaron a nacer. De hecho, uno de ellos nació, se le puso nombre y tuvo entierro. Los otros los perdió mi madre por el camino, por error médico o por problemas de salud. Tres fue el número que me dijeron muchos años después de que ocurrieran los hechos. Hoy en día, mi madre habla vagamente de una docena de abortos involuntarios.

La batalla de Mirta por quedarse embarazada duraría alrededor de una década, incluyendo meses seguidos en cama para evitar la pérdida de sus hijos. En sus últimos intentos, cuando estuvo mucho tiempo tumbada, sin levantarse apenas, me dijeron que era debido a una úlcera de estómago. En realidad, la tenía, pero la historia era más compleja. Me pasaba horas a su lado, leyendo *El tesoro de la juventud*, que reunía cuentos, juegos y trucos para niños. La enciclopedia que enseñaba a hacer un tirachinas o a nadar sin entrar en el agua. Esos momentos junto a la cama de mi madre fueron parcialmente retratados en el libro infantil *Em busca do Thesouro da Juventude*. Hoy creo que esa voluminosa colección de libros azules fue escrita para niños que, como yo, no tenían amigos, pero leían fábulas clásicas o descripciones de lo que sería jugar, en grupo y en la vida real.

Ya fuera trabajando durante la separación o justo después de volver con mi padre, intentando quedarse embarazada durante años y cuidando del hogar, Mirta fue la responsable de transmitirme el gusto por los libros y el arte. No tengo muchos recuerdos de ella jugando conmigo. En la principal imagen que conservo de mi madre durante la infancia, ella está en la cama. Cuando no hablábamos, nos dedicábamos a la lectura, o a los fascículos sobre artistas que Mirta coleccionaba.

Un poco más tarde, en el colegio Rio Branco, hice un primer amigo llamado Roberto Amado. Era sobrino del gran escritor bahiano. En la biblioteca de Mirta, Jorge Amado ocupaba un lugar fundamental. Leía todo lo que el autor de *Capitanes de la arena* publicaba. Un día, todavía postrada en la cama, intentando una vez más que su embarazo llegara a término, me pidió que llevara un montón de libros a casa de Roberto, donde se alojaba temporalmente Jorge Amado. La pila de libros encuadernados que cargué hasta al apartamento de la calle Itacolomi podría haberme cualificado para el trabajo de equilibrista de circo. Allí, en el jardín de invierno, me encontré a un hombre muy agradable que llevaba sandalias de cuero, bermudas blancas y una camisa floreada. Su barriga vencía algunos botones de la camisa, que tenía medio desabrochada. Fue muy amable conmigo, pero tardé en hacerme a la idea de que aquel hombre, desaliñado e informal, era realmente el gran escritor del que tanto hablaba Mirta.

En cualquier caso, mi imagen en la foto y en el cuadro, y los recuerdos junto a la cama de mi madre, retratan la infancia de un hijo único que, desde muy temprana edad y de forma involuntaria, asumió tareas poco infantiles. En la foto, la mirada alzada simbolizará una pretensión desmedida que se apoderará de ese niño, un minimesías familiar. ¿O se trata de una petición anticipada de ayuda, al cielo, de alguien que en un futuro próximo aprenderá que tal mesías no existe ni existirá nunca?

4

LAS PRIMERAS SEÑALES

La persona que tiene depresión solo vive en función del momento. El juicio es siempre absoluto y en el presente. ¿Estamos deprimidos o no? Al margen de las sesiones de psicoanálisis o de terapia, huimos de los recuerdos o de las interpretaciones. Al intentar rememorar la prehistoria de mi enfermedad, pienso ahora en mi constante angustia infantil. Era una época impregnada de miedo y silencio. Sin embargo, estos sentimientos llegaban sin más, parecían naturales, como si no hubiera motivo que los justificara o acompañara. Al no tener a nadie con quien compararme, es probable que pensara que tener miedo formaba parte intrínseca de la existencia, que todos sentían lo mismo que yo.

La vida era tranquila, la soledad era normal, y en el fondo quedaba un miedo difuso.

Creo que luego, en la adolescencia, la depresión comenzó a manifestarse por una gran propensión a dormir por la tarde, en momentos de melancolía que variaban en intensidad. En cambio, era capaz de comer vorazmente. Comerme una pizza entera era lo normal para mí. Hoy sé que la combinación de estos dos hábitos podía apuntar a una depresión atípica, y ser indicio de un posible trastorno bipolar. Pero yo no me veía como depresivo, hasta que con catorce años un médico o mis padres decidieron que debía ir a un psicólogo. En aquel entonces, todavía no desempeñaba un papel activo en el grupo de jóvenes judíos. Con el tiempo me transformaría moderadamente en un líder, dirigiendo a los niños más pequeños con mucha energía y cierto carisma. En ese período la depresión desaparece por completo. Antes de eso y de convertirme en el portero oficial del colegio Rio Branco, tuve pocos amigos. En casa trabajaba con ahínco en las tareas escolares, escuchaba música —costumbre que entraba con fuerza en mi vida— y dormía horas y horas.

De más pequeño, mis pasatiempos eran chutar la pelota contra la pared y luego atraparla, jugar yo solo al fútbol de botón —un juego de mesa infantil típico de Brasil— y, sentado sobre mis piernas, ver pasar los coches desde la galería acristalada en la que había una alfombra peluda y muchas macetas de helechos. Al observar los coches, intentaba adivinar qué modelo doblaría la esquina, lo celebraba cuando acertaba atribuyéndome un poder premonitorio. También durante mucho tiempo, contemplé cómo los niños de la calle jugaban al fútbol con una pelota hecha con un calcetín o practicaban *jogo de taco*, una especie de críquet a la brasileña, sin reunir el valor u obtener el permiso para bajar y unirme a ellos. Así que empecé a lanzar bombones marca Sonho de Valsa y chocolates Diamante Negro que afanaba de la despensa en dirección al pequeño campo de fútbol situado en el descampado que había junto al edificio. Los tiraba, me escondía detrás de la cortina y observaba cómo los niños miraban al cielo, tratando de entender cómo caía chocolate milagrosamente desde arriba. Mis padres comenzaron a sospechar de mí al echar en falta los bombones, y tuve que moderar mi entretenimiento.

* * *

Mi madre y yo nos mudamos a un piso más pequeño durante la época de la separación. Dejamos la comodidad de la calle Bahía porque hubo que vender el inmueble para llevar a cabo la división de bienes entre mis padres. Cuando volvieron juntos, seguimos viviendo en la calle Itambé, aunque Mirta dejó de nuevo la imprenta y trabajaba por su cuenta, para complementar el sueldo de mi padre. Yo pasaba el rato junto a mi madre mientras ella cosía para otra gente y la acompañaba en las visitas a los clientes. Me afligía que a veces los compradores rechazaran injustamente sus entregas; algo que no era inusual en los años sesenta. Era frecuente que trataran con desprecio, actitud machista y grosera a cualquier mujer que trabajara sola y tuviera que vérselas con los comerciantes.

En esa época charlábamos mucho, sobre diversas cuestiones, aunque sin duda la vida familiar era uno de los temas centrales. También hablábamos de los actos heroicos de mi abuelo materno, responsable de salvar a la familia antes de que los nazis entraran en Croacia; y de las dificultades de mi padre. Aún tardaría en volver a trabajar con mi abuelo. André siguió un tiempo más en el taller de plisados de Bom Retiro. Ese era el entorno que más le pegaba, aunque definitivamente no fuese el círculo de relaciones de mi madre, cuyo trabajo confeccionando faldas ayudaba a la economía familiar. Fue la época de mayor felicidad de la pareja. Mi padre se ahorraba la convivencia diaria con mi abuelo, y mi madre estaba ocupada con un trabajo propio, sin ser la única responsable de la casa.

Los intentos de quedarse embarazada cesaron temporalmente, y solo se reanudarían más adelante, cuando André regresó a Cromocart y el objetivo de tener una extensa prole volvió a ocupar el centro de la vida de mis padres. Para ello, Mirta dejó de trabajar. La mesa del salón quedó libre para mis partidas de juego de botón, pero el ambiente que rodeaba mis estadios imaginarios cambió, literalmente, de un día para otro.

André ya tenía algo garantizado, aunque no tuviera más hijos: recibí el nombre de mi abuelo, con el objetivo de restaurar una existencia perdida de forma trágica. De este modo, tuve una formación religiosa liberal desde pequeño, asistí al curso de judaísmo de la Congregación Israelita Paulista dos veces por semana, y me fue reservado el único objeto que mi padre trajo consigo a Brasil: el *talit* que usaba mi abuelo en las fiestas judías. Se trata de un grueso manto de lana, blanco y negro —el blanco muy amarillento ya por el paso del tiempo—, y que abriga demasiado para el clima tropical. Hasta el día de hoy, me conmueve llevar el atuendo de Láios en Yom Kippur, el Día del Perdón judío. Los chicos solo empiezan a llevar el *talit* después del bar-mitzvá. Cuando cumplí trece años, sentí una mezcla de emoción e incomodidad al ponerme el manto de mi abuelo, de quien tan poco sabía. La emoción pesaba y el calor incomodaba.

Mi padre utilizaba el Yom Kippur para honrar a su padre. Al no saber la fecha exacta de la muerte de Láios, imaginaba que había ocurrido en ese día sagrado. Así que lo pasaba en ayunas en la sinagoga, como hacen los más religiosos; y con los ojos llorosos durante toda la ceremonia. No sé cómo estos soportaban el peso de las lágrimas contenidas durante mucho tiempo, ni cómo podían enrojecer de manera tan repentina.

La convivencia con tanta tristeza era agotadora. Yo quería marcharme de donde estaba, en la segunda fila del templo, a pocos metros de donde se sentaban los rabinos. Me giraba sin cesar, mirando hacia el piso superior donde estaban la mayoría de los niños con mucha más libertad para hablar. Mi padre, que me quería a su lado todo el rato, me daba codazos y señalaba con su dedo índice, llamando mi atención hacia el libro de oraciones. El peso de la muerte de mi abuelo también recaía así sobre mis hombros.

Como yo sudaba a mares con el *talit,* mi padre me permitía llevarlo solo para la oración más importante, la apertura de la noche del Kol Nidrei. La liturgia de esta oración siempre me conmovió, a pesar del calor. Tanto por la belleza de la canción como por repetir una petición directa de perdón, tan significativa para André. En el Kol Nidrei, los judíos se disculpan ante Dios por haber pecado y asumido otras identidades religiosas para sobrevivir a la Inquisición. La melodía se canta con la presencia, en el púlpito, de los ancianos de la sinagoga. Esta oración abre el Día del Perdón, que solo terminará con la llegada de la noche al día siguiente.

Si la tristeza de mi padre en Yom Kippur era evidente, en el Kol Nidrei parecía alcanzar su punto álgido. Durante los primeros años, muy sudado, en cuanto terminaba la oración inicial, trocaba el *talit* de lana de Láios por un manto más ligero que mi tía había traído de Israel. Hoy tengo por norma llevar el *talit* de mi abuelo durante todo Yom Kippur.

Las confidencias de mis padres, el peso del manto de mi abuelo, la difícil convivencia en la sinagoga con mi padre... ¿Qué habría pasado si hubiera mirado menos hacia el piso de arriba y me hubiera unido simplemente a los demás, o hubiera ido a jugar con los niños fuera? ¿Cuál habría sido mi historia si me hubiera armado de valor para salir a la calle y jugar a la pelota con los niños de las viviendas cercanas al edificio donde vivía y demostrar que, aunque estuviera sobreprotegido, era un *crack* en la portería?

En un cuento titulado «Sétimo andar», que forma parte de mi libro *Discurso sobre o capim*, relato las tardes que pasaba asomado a la ventana de la galería acristalada, en la calle Alagoas, viendo cómo los chicos jugaban al fútbol. En el cuento, el personaje se pregunta si conseguiría jugar con los pies descalzos como ellos o si se enfrentaría a la vergüenza de ponerse sus impecables zapatillas deportivas de piel. «Sétimo andar» termina con el narrador dándose cuenta del paso del tiempo y de su crecimiento a través de varios detalles. No sé si tuve esa sutil relación con la temporalidad en la vida real, debido al acortamiento de mi infancia.

La alfombra marrón peluda y las ventanas de arriba abajo características del estilo modernista de mi tercer domicilio en

Higienópolis, son algunas de las imágenes que guardo de aquella burbuja infantil, de un niño muy protegido en apariencia pero de hecho vulnerable a todo lo que sucedía a su alrededor y que con el tiempo reverberó de manera silenciosa en su mente.

Es probable que en los momentos en que mi depresión aparecía como temor infantil o inmersión en el sueño vespertino de la juventud, tuviera pocos pensamientos depresivos claros. Era más bien miedo y melancolía. Décadas después, cuando la enfermedad recibiera un diagnóstico definitivo, la situación sería muy diferente. Varias tramas y motivos estarían relacionados con lo que sentí en el período más severo de la depresión. Gran parte de lo que estaba vivo en mi cabeza se conectaba ligeramente a ese caldo de antaño, mientras que la parte más significativa se había cocinado con aderezos recientes, como el éxito profesional, la arrogancia en el trato con los familiares cercanos y una cantidad de certezas totalmente insalubre.

Con un largo tratamiento –los tipos más diversos de antidepresivos y estabilizadores del humor, y trece años de psicoanálisis–, además de todo el apoyo familiar que tuve y tengo, cuando sufro recaídas, estas se parecen a las tardes de sueño de la adolescencia o a los miedos infantiles. Hoy en día la depresión vuelve sin trama específica, como una reacción química pura. La mayoría de las veces, y de forma inexplicable, la vieja dama llega sin avisar. Y me deja sin aire.

5

LA VISITA AL CEMENTERIO

El tema de los hermanos que perdí o no tuve apareció en mi vida de diversas formas a lo largo de décadas. Como tristeza sin palabras de mis padres o como telón de fondo de la separación. Durante mucho tiempo, fue sobre todo una enorme duda que se cernió sobre una infancia solitaria, mientras que la mayoría de los chicos y chicas que conocía tenía hermanos. Aunque no sabía exactamente el significado de la palabra «destino», no hay duda de que me preguntaba por el mío. ¿Tendría yo algún defecto por el que no merecía hermanos? Siendo muy pequeño, sin una mínima idea de cómo se producía la reproducción humana, me resultaba imposible entender los problemas físicos que impedían a mi madre y a mi padre tener más hijos.

Todo esto pasaba por mi cabeza o se quedaba en el aire. Naturalmente, más tarde comprendí que no podían tener más hijos por una razón que iba más allá de su voluntad. El silencio en torno a los abortos generó un trauma familiar que, cuanto más sobreentendido era, más aumentaba.

Mi relato es ahora fruto de una larga reflexión, pero la consideración de la falta de compañerismo de mi padre durante los diversos períodos de convalecencia de mi madre es una novedad muy reciente para mí. En aquella época, los maridos dejaban el embarazo y el cuidado diario de los niños casi exclusivamente en manos de sus esposas. Además, mi padre se comportaba más según los estándares de una familia judía religiosa en la Hungría de los años treinta que conforme a los de un matrimonio laico en el Brasil de los años cincuenta. La injusticia de la división del trabajo entre la pareja era aún más flagrante en el hogar de origen de André, y estaba muy lejos de los ideales de vida conyugal de Mirta. De todos modos, nunca pude oír la versión de mi padre al respecto. Solo me enteré de su comportamiento hace dos años, cuando fui con mi madre de visita a un cementerio.

En conjunto, el ambiente familiar deteriorado por el período de la separación y la constante pérdida de los otros hijos tan deseados contaminaba cotidianamente el aire de mi casa, y creaba una enorme carga sobre mis hombros. Desde muy pequeño asumí el papel de ser el principal proveedor de la alegría del hogar. Mi padre decía que debía recordar siempre que él era mi mejor amigo, y viceversa. Lo repetía y repetía hasta la extenuación, mientras mi madre me asfixiaba con sus cuidados y preocupaciones. De este modo, fue fermentando en el centro de mi infancia un sentido de la responsabilidad casi patológico. Vivía preocupado por no disgustar nunca a mis padres.

Empecé a practicar natación en la Hebraica sin que me gustara nadar, porque mis padres, basándose en la opinión equivocada de un pediatra, creían que nunca sería más alto que mi madre, de baja estatura. Practiqué todo tipo de deportes en el club, a regañadientes y con un rendimiento apenas razonable, ya que mi padre me prohibía entrenar a fútbol. Yo destacaba en la portería, pero en esta posición André pensaba que no me desarrollaría físicamente. Pasé por la natación, el baloncesto, el judo y el voleibol, pero solo pude entrar en el equipo de fútbol del club, donde me divertiría y tendría más éxito, una vez cumplidos los trece años. Mis quejas en cuanto a tales obligaciones fueron insignificantes, si es que existieron.

Cuando solo tenía cinco años, y como siempre estaba solo durante las vacaciones escolares, mis padres empezaron a enviarme de campamento. La experiencia fue traumática.

A esa edad fui por primera vez a Ma-Ru-Mi, un campamento de dirección germánica en Campos do Jordão. Era el más pequeño del grupo y sufrí muchísimo *bullying*. Aun así, volví los cuatro años siguientes, pues nunca expliqué a mis padres mi sufrimiento. Ma-Ru-Mi tenía un reglamento muy severo. Nos juzgaban diariamente por el orden de las habitaciones y teníamos que colocarnos en círculo e izar la bandera de los campamentos nada más despertarnos, a pesar de las bajísimas temperaturas de la región. En este ritual nos podían reprender delante de nuestros colegas, todavía con el estómago vacío. Además, los niños tenían que acostarse e intentar dormir después de almorzar, y no estaba permitido salir de la habitación. Un día, con urgente necesidad de ir al baño, tuve que obedecer al monitor, que me impidió levantarme. Todo mojado y sucio, lo más humillante fue tener que limpiar la cama delante de los demás niños. Hoy incluso me pregunto si llegué a pedirlo con suficiente énfasis, o si simplemente decidí tratar de cumplir la orden al pie de la letra y en silencio. Empezaron a llamarme Xixico («Meón») apodo que siguieron utilizando todas las otras veces que fui a Ma-Ru-Mi.

De regreso a São Paulo, al final de cada temporada, llegaba al estadio de fútbol Pacaembu, donde los padres esperaban a sus hijos, con la cara pegada a la ventanilla del autocar, intentando disimular el sufrimiento que había padecido en Campos do Jordão, o evitando escuchar los últimos insultos de mis compañeros. Me concentraba en lo que iba a decir a mis padres. Prácticamente solo les hablaba de los paseos a caballo, que eran de hecho los momentos en los que lograba olvidarme del acoso por parte de mis compañeros, galopando. No sé qué otras cosas tuve que inventar para dibujar una imagen agradable de los días de tormento en el campamento.

Al volver de uno de esos viajes a Campos, contraje cuatro o cinco enfermedades seguidas; quizá como reacción psicosomática a todo lo que había padecido, o a una acentuada caída de las defensas. Pasé un mes en cama. Todo comenzó con una micosis que me obligó a sumergir los pies en el bidé para darme baños de permanganato de potasio. El bidé se volvía de ese color púrpura brillante un tanto exótico, mientras que mis dedos se oscurecían y las uñas empezaban a caerse. Eran horas al día viendo mis pies allí, desapareciendo y apareciendo en el color violeta del permanganato, un pasatiempo fúnebre. Hace algunos años incluí esta escena en un cuento, el niño leyendo el futuro en el púrpura oscilante donde bañaba sus pies. Era un burdo homenaje a Jorge Luis Borges. Al rememorar mis ratos con los pies en el bidé, recordé las narraciones del escritor argentino en las que el destino de los hombres o la comprensión del universo están vinculados a las rayas de un tigre, o a un Aleph en el sótano de una morada. En mi cuento, había una autoironía encubierta que intentaba insinuar que cada uno tiene el Aleph que se merece. Después de la micosis, si no me falla la memoria, tuve rubeola, varicela y paperas.

Recuerdo un episodio con sabor agridulce del último año que fui a Ma-Ru-Mi. Allí fue donde escuché en la radio la derrota de Brasil ante Portugal en el Mundial de 1966, cuando yo tenía diez años. Recuerdo nítidamente que todos nos amontonamos para escuchar el partido, que supuso nuestra eliminación del Mundial de Inglaterra. El sentimiento de impotencia al seguir la derrota de tu equipo en un partido de fútbol siempre es grande. La sensación es aún mayor si lo escuchas por la radio. Con veinte personas entre el aparato y tú, la cosa solo empeora. Sin embargo, entre tanta tristeza, me fascinó la narración, en la que Fiori Gigliotti, pródigo en metáforas, dictaba una lección magistral sobre esta figura retórica. «Se abre el telón, hinchada brasileña», así comenzaba la retransmisión de cada partido. El césped era una alfombra o tarima verde, el delantero portugués Eusébio, una pantera. Por supuesto que no sabía el significado de la palabra «metáfora», y mucho menos que en el futuro trabajaría controlando las formas de expresión. Nunca he olvidado la fuerza dramática con la que narró aquella derrota. Y yo, viviendo una triste experiencia vacacional más, escuché emocionado decir a Fiori Gigliotti al final del partido: «Todo es melancolía del lado brasileño», «Todo es dolor, señoras y señores». Desde entonces, fui muchas veces al campo con una pequeña radio pegada a la oreja; veía los partidos entre el público, pero los escuchaba en la voz de aquel locutor.

Siendo un poco mayor, empecé a disfrutar de las vacaciones en São Paulo. Con nueve o diez años de edad, iba solo en autobús a la Hebraica, donde jugaba todo el rato al fútbol a pesar de que mi padre me obligaba a practicar natación. Antes de volver a casa en el mismo trolebús de la ida, me duchaba y mojaba el bañador, simulando las horas de piscina que evitaba a toda costa.

Almorzaba solo en el club, lo que acabó por convertirse en algo muy divertido. Me sentía como un niño grande, con el menú en las manos, sentado a una mesa junto a la piscina, con la ropa de fútbol sudada. La elección variaba entre dos sándwiches calientes de queso en pan de pita, dos pinchos de carne con una vinagreta de tomate y pimiento en una *baguette*, y los típicos platos de club, carne con salsa de champiñones y patatas fritas, filete a la parmesana con arroz blanco… En aquellos momentos no extrañaba la compañía de nadie.

Los fines de semana, le echaba valor y me ofrecía para ser el portero de los veteranos, destacando en las pachangas, a pesar de ser un enano. Volaba todo el rato para atrapar los «cañonazos» de los mayores, que necesitaban a alguien en la portería. Un tipo que aseguró haber entrenado en equipos de Argentina me eligió durante uno de esos partidos para practicar los ejercicios típicos de los porteros profesionales. Creo que le conmovieron mis esfuerzos y quiso entrenarme. Practicábamos en un terreno aparte, junto al parque infantil, donde hacíamos flexiones y otros ejercicios específicos. Agarraba las pelotas que me lanzaba mientras me inmovilizaba las piernas en el suelo con su rodilla. Luego, de pie, saltaba sin parar de un lado a otro de los postes de la portería que improvisábamos con camisetas o botellas de refresco vacías. En esos momentos, me olvidaba de cualquier otra responsabilidad que no fuera la de atrapar el balón y proteger la portería. Salía de allí exhausto y realizado.

En Rio Branco, no gozaba de mucha aceptación de los compañeros de clase, ya que no podía librarme de la preocupación por ser un buen estudiante. Me resultaba imposible llevar una mala nota a casa o seguir el ejemplo de mi padre en su juventud. Así, solo llegué a ser popular y a hacer amigos cuando se descubrieron mis habilidades futbolísticas. Al final de secundaria, mi clase formó un equipo imbatible. Ganamos el campeonato de nuestro curso dos años seguidos. Fue entonces cuando me convocaron junto con algunos compañeros para representar al colegio en torneos municipales y entre escuelas. Mi foto empezó a aparecer en el periódico de la asociación de estudiantes, y muchas veces, cuando la clase de educación física continuaba en el cambio de clase, otros niños venían a ver jugar al equipo. Me gustaba hacer mis acrobacias, las mismas que tantas veces practiqué en el club, o a solas en nuestro pequeño apartamento de la calle Itambé, chutando la pelota contra la pared, defendiendo y haciendo como que retransmitía un partido de manera hiperbólica.

El vecino de abajo empezó a quejarse del resonar constante de la pelota en la pared, y quizá de mi retransmisión a gritos. Durante meses, libramos una batalla entre mi pelota y mi voz contra la escoba con la que golpeaba el techo de su apartamento, además de sus gritos que exigían el final de semejante alboroto. Era como si el mundial durara todo un año y se desarrollara en mi habitación. Mientras mi madre cosía para sus clientes y yo no podía jugar al fútbol de botón en la mesa del comedor, solo me quedaba aquella algarabía de lanzar la pelota contra la pared y retransmitir el imaginario partido a voz en grito como única alternativa de ocio.

El fútbol, de botón o de pared, y las visitas a la Hebraica me vienen a la mente como tregua en el anhelo de tener un hermano. Forman parte de un período en que supongo que insistía menos en ese regalo que quería recibir de mis padres y que nunca llegaba. Puede que recuerde las cosas así, en compartimentos separados, precisamente por ser una época en la que supuestamente mis padres eran más felices. Antes y después de ese interregno, la tristeza y frustración por los hijos que no llegaban, la incapacidad de mi padre a la hora de aceptar la dificultad de mi madre para llevar los embarazos a término, las peleas y el distanciamiento de la pareja, me pesaban a mí, incluso sin ser explicitados. Y generaban en el hijo único la necesidad de hermanos para compartir esa carga. Nada de eso era consciente, pero ahora creo que funcionaba como un círculo vicioso: ellos estaban mal, yo pedía hermanos, los hermanos no llegaban, ellos estaban mal, yo pedía hermanos…

Hace aproximadamente un año, un sábado por la noche, mi madre vio una película en la que la protagonista sufría un aborto involuntario. Todos los domingos por la mañana la llamo y le pregunto por la película y el programa del día anterior, que siempre comparte con Ruth, una amiga de la infancia. La que conoció en los tiempos en que, huida de Yugoslavia, vivió en campos de internamiento en Italia. Ese domingo, mi madre no lograba hablar de la película y me pidió que fuera a verla. Me reveló que, después de mí, el único hijo que llegó a nacer y a quien mis padres llamaron Rodolfo, estaba enterrado en el antiguo cementerio judío de Vila Mariana, en una sepultura sin lápida que ella nunca había visitado. Mi padre se encargó de la organización de la ceremonia, así como de los certificados de nacimiento y defunción, y de la circuncisión, obligatoria también para los bebés muertos. Sin ella, no se considera judío al mortinato. Solo entonces fue enterrado, mientras mi padre rezaba el kadish. Mirta no había participado en ninguno de estos rituales, y ahora deseaba ir al cementerio. Cuando Rodolfo nació en 1958, yo tenía poco más de dos años. No recuerdo en absoluto lo que me dijeron cuando mi madre volvió a casa, sin barriga y sin hijo.

Sabía que habían puesto ese nombre al único hermano que había llegado a nacer, y a veces incluso imaginaba que un nombre tan inusual le habría reportado algún tipo de acoso. Traspasaba a Rodolfo lo que sufrí en los campamentos o incluso, y en menor grado, en el colegio, por ser de ese tipo de alumnos que no causaba problemas a los profesores ni desafiaba las normas.

Actualmente el cementerio de Vila Mariana está cerrado. Hay que pedir una autorización por escrito para visitarlo. La comunidad judía ha crecido y hace tiempo que entierra a sus muertos en un espacio mucho más grande, lejos del centro de São Paulo, en el barrio de Butantã. La lápida de la tumba de Rodolfo no llevaba su nombre, ni ninguna fecha; solo el número 18, y nada más.

El antiguo cementerio es muy bonito. Las sepulturas son más estandarizadas, del mismo tamaño, si se comparan con las de Butantã. La norma judía siempre fue no diferenciar a los muertos según su poder adquisitivo. En la actualidad, ya no es así y por eso es conmovedor ver un cementerio con casi todas las tumbas iguales y con frases todavía en hebreo.

Fue muy emocionante ir con mi madre a visitar el lugar donde se encuentra mi hermano y saber de su cortísima existencia. Rodolfo solo vivió tres días, como mucho.

El hecho de que no me hablaran del hijo muerto, así como el silencio absoluto que rodeó los numerosos abortos, pesó mucho más que si me hubieran contado la verdad. Mis padres, que en este caso querían protegerme, también se escondían a sí mismos el fracaso en su objetivo de tener «un equipo de fútbol de niños». Así es como mi madre expresa el deseo que entonces tenía la pareja. «Un equipo de fútbol» formado solo por el portero. Según Mirta, mi padre no se casó por amor, sino solo para tener muchos hijos. No era lo que André decía.

El día de la primera visita a Vila Mariana, mi madre me contó que el fracaso del embarazo anterior al de Rodolfo tuvo rasgos trágicos y contribuyó en gran medida a la separación de mis padres. Según recuerda ella, cuando empezó a producirse el aborto espontáneo, André se negó a aceptar el hecho de perder el sueño de un segundo hijo, y se desató una gran pelea entre él y mi abuela para que mi madre recibiera los cuidados necesarios.

La relación de mi padre con mis abuelos se deterioró mucho a partir de ese momento. Cuando escuché el relato detallado, me solidaricé con mi madre, pero no conseguí odiar a mi padre. Seguro que él habría tenido una forma poca elaborada de contarme su versión de los hechos. Pero cuando me enteré de lo que sucedió aquella tarde, ya habían pasado sesenta años. Tras esa prolongada maduración, el tiempo y el silencio transforman la memoria, erigen relatos sobre los hechos originales, alimentan los traumas, que cuanto más se esconden más fuertes se vuelven. La historia de ese trágico día no debe de tener una sola versión. Pero las otras personas que lo vivieron ya no pueden hablar, y la verdad que nos ha quedado solo es una, la que marcó a mi madre durante todos los años de su vida.

Decidimos ponerle a Rodolfo una lápida con nombre y fecha, y unos meses más tarde acudimos a inaugurarla. Ese día, quien rezó el kadish por Rodolfo fue su hermano mayor, Láios, Luiz, a quien durante su infancia y juventud llamaban Luizinho y después Luizão.

6

LOS APODOS

Como suele ocurrir con el benjamín de la familia, y en mi caso con el agravante de ser hijo y nieto único, desde muy pequeño todos comenzaron a llamarme por mi nombre en diminutivo. Puede que el enorme deseo de protegerme les llevara a infantilizarme de diversas maneras, incluido el apodo. Por otra parte, me trataban como amigo y confidente, lo que me confería una posición más de igual a igual. Me rodeaba una cultura prácticamente esquizofrénica, o por lo menos contradictoria.

El apodo se quedó y me molestó durante años. No me reconocía como alguien indefenso, y asumía precozmente muchas responsabilidades. Mi padre quería ver en mí a un gran amigo, mi madre a un confidente, mi abuelo a un futuro compañero o socio, y mi abuela a un hijo postizo al que mimar. Todos, sin embargo, se unían en el diminutivo, que a mí me sonaba a insulto.

También en el Club Húngaro, donde íbamos a almorzar los domingos antes de que mi padre jugara a las cartas, era Luizinho. En los viajes de vacaciones con el grupo húngaro a una playa de lago llamada Praia Azul, lo mismo. En la imprenta de mi abuelo, donde pasaba algunas tardes, ídem. Por eso me gustaba más ir los domingos. Mi abuelo era un loco del trabajo. En ese sentido, al principio de mi vida profesional, éramos idénticos. Aún hoy recuerdo a Giuseppe hablando con mi voz, sobre todo en momentos de humor. Sin pensarlo, hago exactamente el tipo de bromas que hacía él. Lili y Júlia, nuestra hija, me miran a menudo en esos momentos, recordando a mi abuelo.

Los fines de semana, Giuseppe me llevaba a Cromocart y abría la pesada puerta corredera de hierro para estar a solas con su nieto durante unas dos horas. Esos días no trabajaba nadie y no tenía que oír cómo los empleados me llamaban por mi apodo para complacer a mi abuelo. Era curioso el trato en la imprenta, donde estaba implícito que yo sería el futuro jefe. Sin embargo, al llevar pantalones cortos, me trataban de una manera que eternizaba la condición infantil.

Ahora quizá sea fácil entender mi rechazo a ese papel congelado en el tiempo, el niño petrificado por el apodo. En aquel momento no era más que un peso extra, el refuerzo de mi posición de hijo y nieto, como algo esencial en mí. A veces pedía abiertamente que no me llamaran así, otras lo aceptaba sin más.

Fue Luizinho quien vivió los períodos de acoso durante las vacaciones o en el colegio, o la soledad por la tarde hasta que llegaba la hora de cenar con mis padres. El acoso en la escuela y la falta de amigos perdurará, hasta que se desencadenen dos revoluciones, con poco tiempo de separación la una de la otra.

La primera se produjo, como ya he explicado, a través del fútbol. Destaqué en el equipo de la clase y me convocaron para el equipo de Rio Branco, lo que incluyó una foto mía de portero haciendo una gran parada en el periódico de la escuela. Ese fue uno de los momentos más felices de mi adolescencia. Tener la imagen de un paradón, salvando el balón que iba a la esquina entre los postes. No sé cuántas veces miré y toqué aquella foto para asegurarme de que era yo el héroe retratado. En realidad, poco antes de eso, aparecieron algunos síntomas de melancolía vespertina, y mis padres me enviaron a un psicólogo. Después del silencio y el miedo de la infancia, la melancolía y el deseo de evadirme a través del sueño fueron los signos más claros de que sufría o llegaría a sufrir depresión.

El comienzo de la psicoterapia estuvo muy bien, pero luego me pasaron a terapia de grupo, en la que me sentía del todo intimidado por la tristeza de los demás y no abría la boca. Fue entonces cuando me convocaron para el equipo de fútbol y balonmano de Rio Branco. No tuve ninguna duda, dejé el psicodrama y pasé a ocuparme de evitar que los balones llegaran a la red, en mi parte del campo. Iba todas las noches a entrenar al instituto, excepto viernes y fines de semana. Aun así, esos días me las arreglaba para practicar en el mismo campo, gracias a la generosidad del bedel, o entrenaba en la Hebraica. A veces me dispensaban de las clases para jugar de portero en campeonatos de otras escuelas o clubes. Torneos en los que tuve enormes alegrías. Jugaba al fútbol sala, al fútbol de campo y al balonmano en Rio Branco. El que mejor se me daba era el primero, aunque destacaba en balonmano, deporte que no me gustaba practicar. Me uní al equipo recién constituido de la categoría para ayudar al profesor de educación física, que también me convocaba para las otras modalidades.

En el fútbol sala, el portero titular era al principio el del Palmeiras y el del equipo paulista. Yo me sentía honrado de ser el portero suplente. Un año después de mi convocatoria, él empezó la universidad y yo ocupé su lugar. Jugaba al balonmano como un portero de fútbol, saltando de un lado a otro. Sin embargo, la velocidad del balón lanzado con las manos es mucho mayor. No hay tiempo de saltar y los porteros juegan más de pie, moviendo brazos y piernas para cerrar el ángulo del lanzamiento. Al ser tan difícil defender la portería, el número de goles por partido es mucho mayor, e inversamente proporcional a la movilidad de los porteros. En mi caso, que saltaba de un lado a otro, debía tener reflejos rápidos, sobre todo cuando la pelota rebotaba en el suelo y subía.

Terminaba el juego exhausto y con calambres. Probablemente no era la forma más eficiente de practicar ese deporte, pero estaba acostumbrado a hacerlo así. En un torneo en el que nuestro equipo, recién llegado a la competición, quedó en tercer lugar, me vio un ojeador de un equipo de fútbol profesional de segunda división que me invitó a hacer una prueba. Me sentí halagado, pero ni siquiera pestañeé. No me creía tan bueno en el fútbol de campo. Era imposible aceptar esa prueba con el sentido crítico que ya había desarrollado.

La segunda revolución se desató cuando empecé a frecuentar el movimiento juvenil judío en la Congregación Israelita Paulista, la CIP. Con doce años fui a un campamento de verano de esa institución, donde por primera vez no sufrí ningún tipo de acoso. Allí me lancé a cantar —entonces tocaba la guitarra—, a participar en juegos deportivos y en yincanas, que se me daban muy bien. Como era un buen estudiante y lector de libros, tenía éxito en un juego llamado fútbol intelectual, en el que ganaba el equipo que respondía de forma más rápida y correcta a las preguntas de los monitores. Los campamentos de la CIP también se organizaron en Campos do Jordão, pero, a diferencia de lo que sucedía en Ma-Ru-Mi, esta vez salí de allí contento y feliz.

Había cantos religiosos, todas las mañanas y después de las comidas, estas últimas bastante relajadas. Me sentía tan bien que cantaba con gusto. Las canciones y agradecimientos por lo que comíamos valían la pena por la melodía y el ritual, a nadie le importaba el significado de las oraciones.

También allí, me pusieron un apodo durante un breve período, lo que no me molestó. Me llamaban Micheló, por una palabra que había que cantar con una fuerte inflexión aguda y con la que me esforzaba por mostrar mi afinación. Fue allí, en Campos, en esos campamentos en los que no sufrí acoso, en la víspera de mi decimotercer cumpleaños, donde conocí a Lili. Cuatro años después se convertiría en mi pareja, para toda la vida.

Dos años después de aquellos campamentos, empecé a participar en un movimiento juvenil que se reivindicaba como sionista *light*. Se llamaba Chazit Hanoar, tenía su sede en una casa junto a la sinagoga de la CIP y promovía encuentros entre jóvenes todos los sábados por la tarde, además de acampadas, acuartelamientos y torneos deportivos con otros grupos sionistas, la mayoría con sede en el distrito de Bom Retiro. Las asociaciones del barrio judío de São Paulo eran más abiertamente sionistas, mientras que el Chazit Hanoar era liberal y adoctrinaba menos a los niños, es decir, propagaba el sionismo sin mucha convicción. Las familias de clase media de los barrios de Jardins e Higienópolis querían a sus hijos cerca de Israel, *pero no mucho*.* Aun así, varios de mis amigos de aquella época acabaron mudándose allí, después de viajes para recoger naranjas o hacer prácticas en los kibutz. No he recolectado una sola naranja en mi vida, pero me sumergí en el trabajo de la Chazit como monitor de los niños más pequeños, llevándolos de campamentos y discutiendo cuestiones humanitarias o filosóficas cada semana. Debo a esa época gran parte de mi formación humanística y el desarrollo de cierta capacidad para actuar en grupo.

Nunca me contagié del adoctrinamiento o el fanatismo proisraelí, aunque sí asumí los valores judíos. Recuerdo entablar importantes discusiones con mi padre sobre Israel y su política expansionista, que solían producirse en las cenas posteriores a las fiestas religiosas, momento en que las familias judías hacen todo lo posible por pelearse.

Si bien no soy muy religioso, me identifico con el judaísmo y me gustan los pocos momentos que paso en la sinagoga, porque allí me encuentro simbólicamente con mi padre. Hoy echo de menos la tristeza que sentía cuando veía sus ojos

* En castellano en el original. (*N. de la T.*)

llorosos. Ojalá hubiera podido hacer más por consolarle. Cuando André falleció, yo aún asistía al templo de mi infancia. Con su asiento vacío, no podía dejar de mirar hacia el lugar donde mi padre mejor expresaba su pesar y su culpa. En las pocas horas que mi hijo pasaba a mi lado, vislumbraba un juego de espejos generacional. Pedro se parece mucho a mí, que me parezco a André. Al ver su silla vacía, o a mi hijo sentado en ella, conversaba con André, en las «grandes fiestas». Sigo hablando con él en la otra sinagoga que frecuento actualmente. A menudo, le cuento mis dificultades y angustias. Pido su protección y ayuda. Sé que no tiene poder para cambiar lo que sucede aquí, entre nosotros, pero pedirle que esté a mi lado me parece esencial. Canto las canciones intentando imitar su timbre o su expresión, con sentimiento, como si fuera una persona muy religiosa, igual que él. Imitar su voz es una de las cosas que me hace sentir más cerca de mi padre. En cierto modo, el mío también es un canto lleno de culpa por haber querido abandonar tantas veces la sinagoga, a pesar de que seguí asistiendo porque él me lo pidió, aunque no de forma espontánea. Es como si me recriminara por las veces que yo había mirado hacia el piso de arriba, por haber deseado ir a hablar con otros niños y no entender lo mucho que me necesitaba a su lado en los momentos en que recordaba a su padre. También canto para aliviar la culpa por haberme exasperado mentalmente al no lograr aliviar su constante tristeza.

Curiosamente, hasta los dieciséis o diecisiete años afinaba muy bien, como él, que de joven cantó en el coro de la ópera de Budapest. Nunca pude preguntarle si eso, al menos, trajo alegría a mi abuelo. Después de esa edad empecé a desafinar, aunque no tanto como mi madre, que desde luego no nació para la música. En la sinagoga me esfuerzo por controlar la voz cuando se empeña en salirse del tono. Intento también imitar el lenguaje corporal de André, sosteniendo el libro de oraciones y alzando un poco la mirada. En las pocas ocasiones en que mis hijos, y ahora mis nietas, me acompañan a la sinagoga, me esmero a la hora de cantar y señalo con el dedo índice el pasaje de la liturgia en el libro de oraciones. Exactamente como hacía él cuando advertía mi dispersión.

Por otra parte, me exasperan profundamente todas las demás fiestas judías fuera de la sinagoga, la cena de Pessach −con la larga y repetida monserga sobre la liberación de los judíos del cautiverio en Egipto− me parece la noche más aburrida del año.

Mi padre practicaba las *mitzvot*, buenas acciones, tan importantes en el judaísmo. Visitaba a ancianos húngaros ingresados en el hospital israelí. Pedía la lista de pacientes en la recepción del hospital Albert Einstein y subía a las habitaciones de los que compartían nacionalidad con él. Eso todavía era posible en aquella época; hoy en día solo lo hacen los rabinos. Pagó el tratamiento de amigos que en el momento del alta eran informados de que la factura del hospital estaba saldada. Durante un tiempo, participó, como mi abuelo, en la gestión del Hogar de Ancianos de la comunidad judía en São Paulo. Prestó dinero a colegas húngaros que le defraudaron una y otra vez. Recuerdo hasta hoy la mañana en que se enteró de que uno de sus mejores amigos y exsocio en el taller de plisados le había estafado y había huido a Israel. Mi madre lo fulminó con la mirada, pero él permaneció en silencio hasta que simplemente dijo que la vida era así.

Hoy en día, visito a dos de sus amigos más íntimos, que viven en el mismo asilo. Empecé a prestar dinero a uno de ellos, como mi padre, sin preocuparme de que me lo devuelva. Siempre me siento inmensamente feliz cuando entro en su habitación y me dice que, por un momento, ha pensado que la persona que le visitaba era André, el hombre más bondadoso que ha conocido nunca.

Mi padre era un judío así, judío de sinagoga y de buenas acciones. Me llevó al oficio religioso todos los viernes por la noche durante muchos años, lo que me parecía una tortura aún mayor. Era un ritual frío, sin la tristeza y la importancia que las «grandes fiestas» tenían para mi padre. La oración de la víspera del día de descanso es muy diferente de la que precede o tiene lugar en el Día del Perdón.

La participación en la Chazit hará que mi personalidad se transforme por completo. De ser un chico tranquilo y melancólico, pasé a tener un perfil hiperactivo, con cierta facilidad para ejercer algún poder en las actividades colectivas.

No me acerqué a la religión, seguía sintiéndome incómodo junto a mi padre en la sinagoga, pero empecé a representar al grupo de jóvenes también en las fiestas judías, con prédicas de carácter metafórico y una alta dosis de filosofía inmadura. El rabino Sobel se fijó en el chico de los sermones del grupo juvenil y sugirió a mis padres que yo podría ser un buen rabino. En una ocasión que yo estaba en Europa, me encontré con él y lo acompañé a un congreso en Bélgica en el que participaron Golda Meir y Menachem Begin. El viaje, sin embargo, no fue suficiente para inculcar en mí el deseo de ahondar en la religión. Debía de tener diecisiete años por aquel entonces, y fue algo increíble participar en el congreso y saludar a Golda Meir. Yo era un mequetrefe, que acompañaba a un rabino un tanto chiflado, que sentía simpatía por mis padres y veía algún futuro en mí. No hice más que escuchar en silencio a esos grandes líderes discutiendo, de forma belicosa —como es común entre nosotros, los judíos— sobre diversos temas, en especial acerca de la relación de Israel con el mundo árabe. Como me gustaba mucho más Golda Meir que Menachem Begin, entonces líder de la derecha israelí, puse cara de indiferencia al saludar al presidente del Likud. Una vez más realizaba algo con precocidad, lo que debió de satisfacer mi ego, acostumbrado a ello de otros tiempos. Reconozco también que, sin haber pensado nunca en ser rabino, estar en el púlpito de la sinagoga leyendo mis textos, poblados de imágenes poéticas pueriles y llenas de esperanza para la humanidad, me dejaba la moral bastante alta, y me sentía muy orgulloso.

Hasta la fecha no puedo decir cómo, de ser un niño tranquilo, obediente y melancólico, me volví alguien con esa hiperactividad y esa capacidad de entretener a los niños en la Chazit.

Pasé a ser conocido como Luizão, apodo que nació de forma tan espontánea como el primero. Creo que no solo fue por mi estatura, sino por una mezcla de mi altura con mi forma de ser expansiva y elocuente en ese grupo. En aquella época solía vestir casi todos los días un mono vaquero, con la lengua de los Rolling Stones cosida en la parte superior y zapatillas rojas All Star; llevaba además el pelo a lo *black power*, según lo llamábamos. Hoy en día ese término difícilmente se utilizaría para calificar el peinado de un chico judío, blanco y de clase media alta. Eran otros tiempos. Ese era el aspecto que tenía en aquella época, la imagen de la liberación de una infancia llena de diminutivos.

También tuve momentos de alegría futbolística en el movimiento juvenil, donde jugué para el equipo de la Chazit contra los rivales más sionistas de Bom Retiro. Recuerdo con detalle una parada, en un torneo del gimnasio de la Hebraica entre grupos sionistas, similar a la de la fotografía que apareció en el periódico del Rio Branco: yo volando por los aires y cayendo con el balón en las manos. La mirada dirigida hacia arriba que precedió a esas dos paradas es de una naturaleza diferente a la que aparece en la foto de mi infancia en el sofá de mis abuelos. Hay en las fotos del portero la seguridad de quien pondrá el balón a buen recaudo.

El reencuentro con Lili tendrá lugar en esa época. Ella iba al Colégio Objetivo como yo, nos veíamos en cada recreo, y en la Chazit tenía contacto con su hermano, mi compañero de clase, y con su hermana, de la que era monitor. Aunque ya había salido brevemente con un par de chicas, fue con Lili con quien realmente aprendí lo que significa amar. Nuestro reencuentro se produjo cuando yo estaba a punto de cumplir diecisiete años. Hasta entonces, y a pesar de contar con cierto éxito social en el movimiento judío, era muy tímido en el amor.

La aparición de Luizão no fue suficiente para superar mi timidez en este ámbito. Mi iniciación sexual, muy precoz, después del bar-mitzva, con una prostituta contratada por mi padre, me llevó al bloqueo. No me gustó mucho la experiencia, pero la repetí durante unos dos años, una vez al mes, siempre financiada por André. Luego paré, convencido de que el sexo pagado no era algo que me proporcionara verdadero placer. Lo curioso es que, en las visitas a las putas «particulares» —así las llamaba mi padre—, yo pedía cita diciendo que era Simón, un amigo soltero de mi padre, quien me las había recomendado. Y seguía las instrucciones detalladas de André, sobre cómo llegar al lugar, presentarme, etcétera. Al despedirme, una vez terminado mi tiempo, la chica siempre enviaba saludos a mi tío, y sonreía. En algún momento, empecé a pensar que el tío en cuestión era mi padre. Cuando volvía de mis primeras aventuras en la zona de las prostitutas, él me esperaba en el salón para asegurarse de que todo había ido bien.

Creo que la última vez que estuve con una prostituta tuve una experiencia traumática. Ocurrió en un burdel de la calle de la Consolação y con una puta que no había contratado mi padre. En primer lugar, como consecuencia del polvo sufrí una gonorrea, y hubo que administrarme dolorosas inyecciones de Benzetacil. Después del pinchazo, era difícil volver a casa andando, a pesar de que la farmacia estaba solo a dos manzanas.

Puede que mi padre sintiera cierto orgullo por la gonorrea, pero yo no. Más que eso, recuerdo que aquella chica me llamó con términos que me infantilizaban, como «Ven aquí, mi bebé», lo que me pareció completamente intolerable. Al salir, dejé el dinero con firmeza sobre una cómoda y abandoné la habitación resoplando y dando un portazo.

Mi vida sexual pasó a limitarse al tiempo que pasaba encerrado en el baño, dos o más veces al día, para disgusto de mi padre. Elegía, no sé por qué, justamente el final del almuerzo para refugiarme con revistas que escondía entre las hojas del periódico. Mi padre llamaba a la puerta, puede que con algún prejuicio contra la masturbación, o pensando que me acostumbraría al sexo solitario. También debió de molestarse cuando, en un viaje a Europa, asistimos a un espectáculo de danza del vientre; yo tenía trece o catorce años, y no mostré ningún entusiasmo por la bailarina que, en un momento dado, se acercó a nuestra mesa agitando los pechos en mi dirección. Recuerdo que no me entusiasmó y que después me quejé del exceso de polvo de arroz en la cara. André no entendía mi forma de ser retraída en tales ocasiones.

Entre ese período y el reencuentro con Lili, algunos años después, solo practiqué sexo sin compañía. Compraba revistas masculinas, así como los fantásticos «catecismos» de Carlos Zéfiro, mucho más excitantes que cualquier fotografía.

Una vez, mis padres viajaron a Holanda y, al volver, no dejaron de hablar con sus amigos sobre el Barrio Rojo, donde las prostitutas se exhibían en los escaparates. También comenzó a correr un rumor en el club de campo al que íbamos, en Atibaia, de que circulaba una revista con fotos de sexo explícito. En aquella época no se conocían revistas como esa, en la que aparecían parejas follando con todo lujo de detalle, como si se tratara de una fotonovela sin subtítulos, en color y con imágenes a toda página. Los primeros planos del órgano sexual femenino eran tan realistas que mostraban algo que creía no haber visto nunca, aunque ya no era virgen. Era como una película porno contemporánea en una revista. Se armó un escándalo tremendo en el club, cuyos miembros eran principalmente judíos de clase media, como mis padres.

Cuál no fue mi sorpresa al descubrir que quien había llevado la revista al club había sido mi padre, o mis padres. Era un tesoro de liberación sexual, que circuló entre los chicos mayores pero que yo no podía ver. Solo me permitieron hojearla después de meses de discutir sobre el tema.

Mi padre se granjeó fama de granuja, con aquella actitud un tanto fiestera y voyerista, muy típica del ambiente del Club Húngaro y de los amigos con los que iba a la sauna de la Hebraica cada miércoles por la noche. André no era un hombre que tuviera muchas relaciones extramatrimoniales. Según mi madre, las mujeres se le insinuaban con frecuencia y llegó a tener varias. Sin embargo, estaba en contra de las aventuras sexuales o amorosas serias por principio. Pero le gustaba jugar a las cartas, las fiestas y cantar, y consideraba que las constantes escapadas a los burdeles formaban parte de la vida de casado. En una ocasión en la que pensó, por una falsa intuición, que mi matrimonio con Lili estaba atravesando una crisis, me llamó para que habláramos. Le gustaba charlar mientras paseábamos por la calle al anochecer. Me dijo que tenía la sensación de que pasaba algo en mi pareja y que le gustaría darme un consejo muy importante. Después de balbucir un poco, me recomendó que si algún día sentía cierta clase de necesidad física, no aliviada por el matrimonio, nunca debía tener una relación seria con otra mujer, sino que debía recurrir a una «profesional».

Me dio un susto de muerte, porque no había ninguna razón para que se preocupara por mi matrimonio en ese momento. Además, tenía clarísimo que jamás volvería a utilizar los servicios de una prostituta. Jamás llegué a explicarle a mi padre que la experiencia no me había gustado en absoluto, no lo hubiera entendido. Volví a casa apoyando la mano en el hombro de André y le agradecí con ternura el consejo que me había dado con su torpeza habitual con las palabras, más allá de sus incorrecciones gramaticales y el fuerte acento que nunca perdió.

Recordé otro paseo que había dado con mi padre, exactamente a primera hora de la noche, cuando tenía nueve años y aún vivía en la calle Itambé. Me llamó después de la cena y dijo que quería dar una vuelta conmigo. Bajamos por nuestra calle hacia Major Sertório, en la guarida del lujo, lugar de las discotecas más caras, como la famosa La Licorne. Yo solía tomar ese camino muchas veces porque justo delante estaba la tienda donde llevaba a arreglar mis coches de tracción eléctrica. Creo que hasta entonces no me había dado cuenta de la existencia del legendario club nocturno o no sabía de qué se trataba. Cuando llegamos a la puerta, André me preguntó si sabía lo que había allí dentro y me dio las primeras clases de educación sexual. Se enorgullecía de hablarme de la vida masculina, y de decir que después del bar-mitzva podría frecuentar los burdeles o visitar a alguna «prostituta particular». Es muy curioso que, al explicarme la vida sexual, me pusiera de ejemplo La Licorne y no a una pareja enamorada. En estos paseos, más allá de los domingos en los que salíamos a ver partidos de fútbol de aficionados, o los malabares de los pilotos de aeromodelismo con sus aviones en el parque de Ibirapuera, enfatizaba su máxima: que éramos el mejor amigo del otro. Íbamos en coche por la avenida Rubem Berta y nos deteníamos en los campos de fútbol de tierra que se veían a los lados, debajo de pequeños barrancos, de camino al aeropuerto de Congonhas. Nos poníamos en cuclillas, equilibrados por las manos que abrazaban nuestras rodillas. Aquellos equipos con uniformes multicolores me fascinaban y me imaginaba jugando en la portería de alguno de ellos. Los campos eran de tierra batida, casi rojos. En esa posición mi padre repetía: «No lo olvides nunca, soy tu mejor amigo y tú eres el mío». Era como reafirmar un pacto de sangre. Él y yo lo creíamos. Aunque su insistencia pesase un poco.

Años más tarde, también dejé de acompañar a mis colegas del club de campo de Atibaia durante las juergas nocturnas por la ciudad, «a la caza de mujeres». No me creía capaz de «ligar», practicar el voyerismo, elegir a una chica e intentar seducirla para echar un polvo rápido en el asiento trasero del coche de algún padre. Éramos menores de edad, pero los padres en general, con cierto orgullo, se hacían los tontos y dejaban las llaves del coche a chicos de dieciséis años para que fueran a «conocer mujeres» a la ciudad. Yo era un completo negado al respecto. Ni siquiera lo intenté. Incluso fui a un baile de carnaval, pero fracasé estrepitosamente. Me salvó pronto el reencuentro con Lili, esta vez como mi novia, liberándome para siempre de las «obligaciones» de ser un joven judío, un mujeriego o un fiestero.

Fue maravilloso conocer el amor y el sexo prácticamente al mismo tiempo, ya que mis visitas al burdel y a las putas «particulares» no valen nada comparadas con lo que viví durante mi largo noviazgo.

La época de los paredones, del fin del psicodrama, del éxito social en el grupo judío y del encuentro con Lili despertó a otro Luiz. Activo, capaz de ejercer cierto liderazgo y cada vez más seguro de sí mismo. Los momentos de melancolía se volvieron raros, aunque no desaparecieron del todo. El éxito en la prueba de acceso a la universidad y posteriormente al inicio de mi vida profesional inclinó la balanza en una dirección, la de Luizão. Mi personalidad perfeccionista iría creciendo poco a poco, coexistiendo con resquicios de los rasgos melancólicos. El exceso de seguridad que marca mi vida desde entonces, en la Chazit, en la universidad, en mi primer trabajo, será el responsable del profesional de la edición en el que me convertiré con el tiempo; pero también germinará una personalidad bipolar que no surgió o no fue identificada en la infancia. Hoy estoy seguro de que esos dos apodos señalan una escisión en mi personalidad que se desarrollará de manera extrema. El coste fue enorme para mí, y para toda mi familia.

7

BEETHOVEN

Es difícil afirmar cuándo comienza la obsesión casi enfermiza que marca mi inserción en el mundo adulto y profesional. Hay un momento en el que dejo de ser solo un hijo que trata de complacer a sus padres, con buenas notas, obediencia y sumisión, y paso a ser un perfeccionista, muchas veces con una determinación por encima de lo común. A este nuevo rasgo de personalidad se unirá un creciente gusto por las artes, en especial por la literatura y la música, así como un temperamento de coleccionista.

Mi madre siempre fue la que apreció toda forma de arte en la familia. Sin otro trabajo que el de las labores del hogar —desde que dejara la confección casera de faldas—, leía sin parar, y luego hacía encuadernar sus libros en cuero, con papel de aguas. Yo los admiraba con ella cuando llegaban del encuadernador. Eran preciosos. Tocarlos y colocarlos en la estantería era un placer que compartíamos.

También con Mirta iba a librerías que traían libros del extranjero por encargo. Estaban localizadas en galerías del centro de la ciudad e importaban todo tipo de novedades, de *best sellers* a textos más literarios. Mi madre adquiría las novelas que leía y que alternaba con clásicos de la literatura universal. Algunos de estos libros los compraba después en portugués y me los pasaba para que los leyera yo, junto con alguna recomendación. *Éxodo,* de Leon Uris, *El padrino,* de Mario Puzo, *Aeropuerto,* de Arthur Hailey, y *No solo de caviar vive el hombre,* de J. M. Simmel, entre muchos otros, los leí siendo muy joven. Mi madre tenía asimismo una modesta biblioteca de autores brasileños. Además de Jorge Amado, sus favoritos eran Erico Verissimo y Graciliano Ramos. También era fan de autores más populares, como Sra. Leandro Dupré, muy de moda entre aquella generación de mujeres. Gracias a Mirta, devoré *Tienda de los milagros* cuando aún era un niño. Por eso se convirtió en mi libro preferido del gran escritor bahiano.

Como escribí más arriba, leí mi primera enciclopedia juvenil a los pies de su cama, durante meses, además de recibir de ella las primeras recomendaciones de lectura, en especial los libros de Charles Dickens y sus tragedias juveniles, que me causaron una profunda impresión. Debí de leer *Oliver Twist* a una edad muy temprana, y me compadecí de ese pobre huérfano; aquello era mucho peor que no tener hermanos. A pesar de la gran conexión que tuve con mi padre en mi juventud, mi vocación profesional nació junto a la cama de mi madre, durante la larga convalecencia de Mirta, de nuestras visitas a las librerías y del acto de toquetear y oler los paquetes de libros encuadernados que ella recibía con tanto entusiasmo.

Durante el mes de enfermedades desencadenadas por mi estancia en Ma-Ru-Mi, leí sin parar. Debía de tener ocho o nueve años, y leía novelas juveniles y algunas para adultos más accesibles; devoraba asimismo los cómics de Tintín. Fue entonces cuando mi padre me recomendó un libro, por única vez. Una tarde, después de comer, entró en mi habitación con una edición de bolsillo. La novela, escrita por Ferenc Molnár, se titulaba *Los muchachos de la calle Pal.* André me lanzó la edición nada lujosa y dijo que era su libro favorito. Pensé que era un cómic, aunque que lo que más me llamó la atención fue el hecho de que mi padre hubiera ido a una librería especialmente para comprarme algo a mí. No supe cómo reaccionar, no esperaba que me hiciera alguna recomendación de lectura. Como me lo había sugerido él y por tratarse de una historia tan conmovedora de heroísmo infantil, puede que haya sido el libro que más haya marcado mi vida. La trama gira en torno a la defensa de un *grund*, un terreno baldío, disputado por dos grupos de chicos. La valentía de Nemecsek, el soldado raso del grupo que protege el *grund* del ataque de otros, tenía mucho que ver conmigo. Yo llevaba un tiempo postrado en la cama, y me hubiera encantado que me consideraran un héroe y no solo el más pequeño del grupo, como el primer año que fui a Ma-Ru-Mi, y que dio lugar a una tragedia personal duradera. Quería ser un Nemecsek, que de pequeño se convierte en un gigante. Con su muerte por neumonía y a través de sus actos de heroísmo en defensa del *grund*, Nemecsek es reconocido para siempre, alabado en su lecho de muerte por colegas y adversarios, ¡y se convierte en el personaje de un libro! ¿Qué más podría desear después de otros tristes campamentos? Con *Los muchachos de la calle Pal* fue como si por fin bajase al descampado junto a mi edificio, hacia donde en realidad solo miraba desde lo alto.

En el mundo de las artes, mi padre prefería la ópera, expresión artística que entendía mucho más que la literatura y las artes plásticas que tanto gustaban a mi madre. Me llevaba los domingos al Teatro Municipal de São Paulo para ver las matinés. La puesta en escena era un poco patética, sobre todo a ojos de un niño de menos de diez años. Una tarde en la que nos disponíamos a ver *El guaraní*, no pude soportar la idea y acerqué el termómetro a la lámpara del dormitorio para simular fiebre. Creo que mi necesidad infantil de realismo me advertía de que esos cantantes superblancos con protuberantes barrigas y pelucas no quedarían bien en la piel de Ceci y Peri. Las matinés en el Municipal que mi padre me presentó de forma compulsiva y precoz deberían haber bastado para alejarme radicalmente de la música lírica. No tengo ni idea de cómo eso no sucedió nunca. Al contrario, hoy la ópera forma parte de mi repertorio de grandes placeres estéticos.

Quizá el milagro de la música en mi vida ocurriera con un regalo inesperado de mi padre. Fue un sábado, durante una visita a una papelería en Bom Retiro, donde vendían tarjetas de Cromocart. Mientras André hablaba con el dueño, encontré una pequeña sección de elepés en el fondo de la tienda. Me interesé por uno de ellos: *A Hard Day's Night,* de los Beatles. Creo que lo que me atrajo fue el corte de pelo de los chicos de Liverpool. Puede que hubiera oído hablar sobre ellos, o visto a un grupo de versiones tocando canciones del grupo en Record TV: los Beetles, con su nombre escrito con dos «e». Era el año 1964 o el 1965, yo tenía ocho o nueve años, y ese fue mi primer elepé.

Mi reacción a ese disco fue extrema, y exigí a mi padre otras visitas a esa papelería y más regalos como aquel. Recuerdo que me compró *Beatles for Sale* y *Help* en cuanto los discos llegaron a Brasil. Aunque tal vez fueran regalo de mi abuela, que se apoderó de mi interés musical. Con el firme propósito de mimarme, sin que mis padres lo supieran, Mici empezó a ir conmigo a otras papelerías y, más tarde, a darme una paga solo para comprar discos.

Tiempo después, me suscribí a las revistas de rock *Rolling Stone* y *Cash Box,* esta última solo para conocer las listas de éxitos. Ya no bastaba con seguirlas o escuchar las canciones en las *jukeboxes* de las cafeterías. Tenía que tener los discos que llegaban a lo más alto de la lista, necesitaba conocer todo tipo de *rock,* comprando discos importados que se vendían en algunas tiendas especiales.

A los once años, me conocían en la tienda Cash Box de la calle Augusta y en el Museu do Disco de la calle Dom José de Barros, donde encargaba casi todos los elepés y discos sencillos sobre los que leía en las revistas o de los que oía hablar. Todo ello con el apoyo de la Fundación Mici Weiss, una verdadera caja B familiar que mi abuela me transfería en pro de mi gusto musical. Más adelante, se encargaría de comprarme los equipos de música. Cada cumpleaños íbamos a la tienda Raúl Duarte, en la calle Sete de Abril, donde presenciaba avergonzado cómo esa señora bajita llena de energía regateaba arduamente con el dueño de la tienda, siempre muy amable y paciente. Para ella, comprar sin regatear no era divertido, o tal vez el regateo disminuía su sentimiento de culpa. Mis abuelos tenían una buena posición económica, pero estaban en contra de los lujos, a excepción de los que Mici proporcionaba a su nieto. Primero me moría de vergüenza, y luego de felicidad, al recibir los nuevos altavoces, amplificadores, magnetófonos y tocadiscos, que mejoraban de un año a otro.

Mis padres, conscientes de que un hijo único no necesita mucho para descarriarse, no me compraban demasiadas cosas, pero sí hacían la vista gorda a los mimos de mi abuela. Quizá les gustaba verme entretenido escuchando música sin parar.

Al principio, antes de los equipos más sofisticados, tenía en mi habitación un pequeño tocadiscos de plástico para escuchar los discos de cuarenta y cinco revoluciones con un agujero grande en el centro. Uno de los que más me marcaron fue el de la grabación de «My Way», que había vuelto a las listas de éxitos en la voz de Brook Benton, un cantante de música soul. No conocía la versión de Frank Sinatra ni me hubiera interesado por ella en esa época. Pero canté «My Way», a ritmo de soul, sin parar. Más tarde, cuando escuché la grabación de Frank Sinatra, la desprecié por completo. Para mí, «My Way» era música negra. Con el tiempo, mi padre incorporó la versión de Sinatra a su repertorio que, en general, se componía de música gitana húngara o famosas arias de ópera. Pero era como si cantáramos canciones diferentes. Cada uno tenía su propio «My Way».

En la época en que aún no tenía un tocadiscos para los LP, oía música en el salón, por la tarde. Durante los almuerzos, tenía la libertad de escuchar alguno de mis discos con mis padres, siempre que no fueran de *heavy metal* y mantuviera el volumen bajo. Fue entonces cuando puse el sencillo de «Je T'Aime… moi non plus», que tenía muchísimo éxito en los bailes y en las listas de éxitos. Tenía trece años y posiblemente ya había estado con Nina, la primera «prostituta particular» que me agenció mi padre. Pero, ya fuera por distracción o porque la simulación de los gemidos de Nina fue muy mala, no me di cuenta de que Jane Birkin y Serge Gainsbourg representaban un acto sexual cantando. La canción me sonaba sensual, pero no explícita. Mis padres se sonrojaron; sonrieron, pero me pidieron que pusiera otro disco.

Recuerdo oír música durante horas y horas, esperar a que llegaran las revistas y empezar a soñar con las próximas adquisiciones. Del rock pasé al jazz y a la música popular brasileña. Mucho después, empecé a comprar discos de música clásica. Puede que el primero fuera el de la banda sonora de *Zardoz*. Curiosamente, la *Séptima sinfonía* de Beethoven –parte de la banda sonora de esa película de ciencia ficción con Sean Connery–, que me llamó la atención cuando tenía diecisiete años, sigue siendo mi sinfonía favorita.

Tenía que poseer todo de todos los tipos de música, saberlo todo, escucharlo con gran concentración. Estaba en construcción un temperamento maníaco-obsesivo, a través de un buen instrumento, la música.

Cuando empecé a profundizar en la música clásica, leí todos los manuales, especialmente la *Discoteca ideal de la música clásica,* de Kenneth y Valerie McLeish. Ya era mayor y el componente obsesivo de mi personalidad se había acentuado mucho más. Subrayé todas las obras recomendadas en el libro y fui comprándomelas. Había cientos.

Después, empecé a investigar cuáles eran las mejores grabaciones; quería encontrar lo sublime, la expresión más perfecta entre los conciertos, sonatas y sinfonías. A lo largo de los años, empecé a comprar repetidamente discos de piezas que ya tenía a montones para descubrir una versión más cercana a la perfección. Muchos melómanos se comportan así. Siempre en busca de una nueva interpretación de nuestras piezas favoritas. Lo que cambia es el grado de obsesión, y cómo semejante búsqueda incesante llena la vida de una persona. Sin duda, me sitúo entre los más fanáticos. Este rasgo de la personalidad, que empieza a formarse al final de mi juventud, será importante para entender la obstinación con la que llegaré a dedicarme a los libros y al trabajo de edición.

Prácticamente oigo música a todas horas. Es una pésima señal cuando no encuentro nada que escuchar. Significa que estoy inmerso en una clase de silencio absoluto y que en ese momento ni siquiera la música puede acompañarme. Así, desde que fui al Bom Retiro y gracias sobre todo a los mimos de mi abuela, acabé convirtiéndome en coleccionista de discos, y utilizando la compra de CD, y más tarde la búsqueda de nuevas interpretaciones, como antídoto para los períodos de melancolía o aburrimiento.

El acto de coleccionar tiene un lado maníaco, perfeccionista, y lo practican personas que necesitan estar siempre en busca de un ideal, de una emoción rápida o aun de alguna adquisición. En mi caso, viene a cubrir un vacío recurrente.

Los bipolares severos gastan de manera irracional. Compran frigoríficos o coches sin tener dónde ponerlos. Aunque me diagnosticaron, tardíamente, un trastorno bipolar, nunca llegué a tal punto. Sin embargo, reconozco tanto elementos positivos como aspectos que revelan profundas fragilidades personales en ciertos hábitos relacionados con la música o el arte. El consumo reiterado y masivo de discos, la compulsión por asistir a conciertos memorables que obceca mi mente antes de emprender algún viaje, o el deseo de poseer ciertos cuadros y contemplarlos en busca de algo fuera de lo común, son formas benignas de lidiar con una tristeza que habita en el fondo de mi alma, con independencia de lo que esté viviendo en ese momento.

Soy consciente de que me he criado en un entorno familiar y personal que permitía estos lujos, que no eran imprescindibles para llevar una vida feliz, pero que para mí adquirieron esta importancia maniática.

La conciencia social que desarrollé con los años, sobre todo en el período de las luchas estudiantiles contra la dictadura, no fue suficiente para eliminar por completo mis manías de coleccionista. Es cierto que cuando me involucré en las marchas y el movimiento estudiantil, coleccionaba más periódicos de la oposición y alternativos que discos. Me suscribí a las principales publicaciones de la izquierda, lo que volvió locos a mis padres. Temían que el encargado del edificio, o el portero, me denunciaran a la policía. Empecé a comprar en el quiosco los periódicos alternativos llamados *nanicos*, que desafiaban a la dictadura. Los leía de cabo a rabo y así me formaba políticamente. A veces me entusiasmaba tanto una novedad en este ámbito que actuaba como con los discos: iba cada día al quiosco para comprobar si ya había salido uno nuevo.

También compré una cantidad absurda de libros marxistas y anarquistas. Aunque era un lector voraz, no conseguí leer esa montaña de páginas. Solía frecuentar la Livraria Ler, de Zahar Editores, frente al Colégio Caetano de Campos, y la Livraria Ciências Humanas, en la calle Sete de Abril, que prácticamente solo vendían libros progresistas. Mis padres, asustados, me decían que la policía fotografiaba a los clientes de la Ler desde el Caetano de Campos, lo que me dio más morbo e hizo que empezara a frecuentar la librería más a menudo. Poco antes de entrar en la universidad, superpolitizado, dejé las novelas a un lado. Me iba de acampada con Lili y me llevaba a autores dificilísimos. Apenas me bañaba en el mar, para quedarme leyendo a Gramsci, Lukács o Bourdieu protegido por la sombra de la tienda de campaña. Por supuesto, era incapaz de ver que mi ímpetu revolucionario estaba rodeado de hábitos más que burgueses. Actuaba como si el sol y el mar fueran contrarrevolucionarios.

De este modo, desde los primeros regalos de mi padre, o de mi abuela, o me llenaba la cabeza de sueños de consumo, con un deseo, siempre proyectado hacia el futuro, que podría materializarse en objetos de lo más diverso: discos, libros, periódicos, conciertos, cuadros...

Durante un tiempo, hasta el fútbol se vio afectado por mi compulsión de coleccionista. Al principio con los cromos y equipos de fútbol de botón, y luego con los guantes de portero que le pedía a mi abuela que me trajera de sus viajes a Europa. Ella y mi abuelo acudían a las ferias gráficas de Fráncfort, y desde allí me traían el equipamiento de portero profesional. Ningún portero utilizaba guantes cuando empecé a jugar. Se pusieron de moda en la Copa del Mundo de 1970, cuando Gordon Banks, el portero de Inglaterra, y Felix, el de Brasil, los llevaron. Los del brasileño parecían guantes de cuero normales. Yo soñaba con esos objetos, leía sobre los mejores modelos y sobre las diferentes marcas que utilizaban los profesionales más famosos. Mi abuela volvió a hacer acto de presencia y pasé a lucir, además de buenas zapatillas deportivas, guantes importados para jugar al fútbol sala. Los guantes confeccionados para el fútbol de campo no siempre resultan ideales para el fútbol sala. Pero, como prenda de coleccionismo, me pareció esencial tenerlos desde el principio. Además, toda mi vanidad se materializaba en los uniformes de portero, especialmente en los guantes. Daba menos importancia a mi ropa de diario que a la de deporte. En casa, lavaba los guantes después de cada partido, verificaba que no tuvieran grietas en la parte interior recubierta de goma y los guardaba en un cajón especial, como si fueran joyas o relojes antiguos.

Las personas como yo, que desarrollan un alto grado de responsabilidad frente a los demás, no deberían jugar en la portería. Un fallo puede causar un daño irreparable al equipo. Un gol del rival me afectaba muchísimo. Lo repetía en mi mente, como si fuera una película mediante la cual examinaba los detalles de mi error. Deseaba hacer retroceder el tiempo, para recontar la historia con una bonita parada. Por eso, mi práctica constante del fútbol hasta los cuarenta y pocos años –cuando empecé a jugar peor y abandoné el campo para siempre– era muy importante para mí. Lili decía que podía saber si había ganado o perdido en las pachangas nocturnas o de los sábados por la tarde por la forma en que cerraba la puerta al volver a casa.

Coleccionar buenas paradas era menos caro que coleccionar discos o libros, había más riesgo en juego, pero fue algo genial durante el tiempo que jugué bien. Al salvar al equipo en la portería volvía a la parte más feliz de mi infancia y juventud. En el terreno de juego, reencontraba mi anterior fuente de redención.

Hoy, sin fútbol, dejo a menudo que la música hable en mi lugar. Lo hago casi todos los días. Elegir qué voy a escuchar es como escoger a alguien que hable por mí, o que converse conmigo. Por eso los momentos sin música son preocupantes. Desde muy pronto, aprendí a vivir sin explicar lo que sentía. Con el tiempo, llegué a atribuir a la palabra un contenido casi negativo. Si es necesario explicar lo que pienso es porque no se me comprende. O mejor aún, las palabras nunca representarán correctamente mis sentimientos. La canción de Paulinho da Viola sobre «um samba […] sem melodía ou palavra / pra não perder o valor» se convirtió en un himno para mí, aunque siempre he creído que la melodía es fundamental. Una samba sin palabras, eso sí sería sinónimo de la más perfecta expresión. Mis escritores favoritos nunca narran en exceso, trabajan mucho lo que no se dice. Admiro especialmente a los que escriben a través de silencios, como Thomas Bernhard, Albert Camus, W. G. Sebald, Machado de Assis y Jorge Luis Borges. Me gustan mucho los cuentos por esa misma razón. En ellos lo que no entra es tan importante como lo que forma parte del texto, o más.

Nunca hablé con mis padres sobre mis sentimientos. O, si lo hacía, ocultaba todo rastro de tristeza o insatisfacción. Al principio de mi relación con Lili, ella sufrió con mis silencios. Yo quería que lo entendiera todo sin tener que explicárselo. Cualquier desacuerdo se traducía en mutismo y nunca acababa en discusión. Ella tenía que adivinar lo que me pasaba, al fin y al cabo esa era la manera de probar la existencia de un gran amor.

Uno de los libros que más marcará mi vida adulta será *Veo una voz,* de Oliver Sacks, en el que el célebre neurólogo y escritor aborda la riqueza del lenguaje de signos y de muchas formas no verbales de expresión utilizadas por los sordos o por personas incapaces de usar el lenguaje convencional. Gracias a ese libro, supe de los casos de niños salvajes exhibidos en Europa como objetos exóticos de la realeza y de la verdadera historia del marinero que permaneció solo durante cuatro años en una isla y que dio origen a la novela *Robinson Crusoe,* de Daniel Defoe. En la isla, rodeado únicamente de naturaleza, el auténtico náufrago sucumbe al mundo salvaje y pierde el uso del lenguaje verbal. La historia real es la opuesta a la fábula de Defoe, en la que un hombre obtiene el control total del bosque y domestica a los animales. Cuando lo encontraron, el marinero escocés Alexander Selkirk tuvo que volver a aprender a hablar.

Movido por mi aprecio al silencio, y con ganas de escribir una novela después de los cuentos de *Discurso sobre o capim,* intenté componer una narración que recogiera las historias que había investigado sobre el tema después de leer el libro de Sacks. Iba de Victor de Aveyron a Kaspar Hauser, pasando por personajes de la literatura como Mogli y Robinson Crusoe. Divagaba acerca de diversos aspectos de *Los viajes de Gulliver* de Jonathan Swift y sobre cuentos poco conocidos de Daniel Defoe. Hablaba también largo y tendido sobre un loco escultor austriaco, seguidor del mesmerismo, llamado Franz Xaver Messerschmidt. Jamás olvidaré las esculturas que vi en un museo de Viena. Messerschmidt esculpió sesenta bustos de alabastro que representan expresiones faciales elocuentes que ningún ser humano podría reproducir de forma intencionada. Corresponden a las expresiones más humanas, sin palabras.

Escribí la novela, aunque era muy mala. Tenía demasiadas ideas y ninguna consistencia como ficción. Las tres editoras de Companhia das Letras de la época, Maria Emília Bender, Marta Garcia y Heloisa Jahn, fueron honestas y me ayudaron a enterrar la chapucera aventura. Después de mucho tiempo, conseguí transformarla en cuatro relatos que, junto con otros, formaron un libro. Básicamente, en ellos aparece un narrador sin nombre que se casa con Antônia, una profesora que enseña a sordos mediante el lenguaje de signos, y en las clases cuenta historias como las de Beethoven y Goya, entre otras. La maestra se cambió el nombre por el de Antônia en honor de la mujer a la que Beethoven dirigió una famosa carta, en la que llamaba a la destinataria «eterna amada» sin haber tenido ningún romance con ella, ni con ella ni con ninguna otra mujer. Los relatos cortos son menos malos que la novela, y solo los menciono aquí para mostrar cómo la expresión espontánea y no verbalizada siempre tuvo importancia para mí. El marido de Antônia nunca dice lo que piensa. Y ella diserta sin parar en lenguaje de signos. La forma de expresión de Antônia dio nombre a la recopilación. Yo no era muy dado a abrirme de niño y quería que me entendieran, o tener compañía, sin verme obligado a hablar con nadie. En el fútbol no necesitaba palabras, excepto cuando advertía a mis compañeros de equipo sobre un peligro inminente, lo que hacía en voz alta y clara. Reproducía en la portería, dentro del equipo, una especie de soledad a la que estaba acostumbrado. En el amor, llegué adonde quería, muy pronto, causando algún que otro problema a Lili pero sin tener que dar demasiadas explicaciones. Tuve episodios de elocuencia verbal, normalmente en picos de episodios maníacos o momentos en que me creía el ombligo del mundo, pero casi siempre el silencio y la música fueron esenciales para mí. En las fases en las que no estaba medicado de forma adecuada, llegué a comportarme de manera muy diferente a como lo hago ahora, hablando más de la cuenta, buscando llamar la atención socialmente. Me cansé de que Lili me alertara en tales ocasiones. Hoy en día esto ya no sucede, y odio recordar que alguna vez llegué a utilizar semejante elocuencia de un modo tan poco elegante.

Hoy, mucho más viejo, me despierto todas las noches, una o dos veces, y una música suena dentro de mí. De vez en cuando, incluso me dificulta volver a conciliar el sueño. No hay lógica en lo que escucho entre el sueño y la vigilia. Puede ser un éxito de hace más de cuarenta años, de la época de mi tocadiscos de plástico, o alguna canción que haya escuchado recientemente en la radio o incluso durante la ducha esa misma mañana. Sin embargo, mientras escribo este libro, cuando me despierto y todavía no hay ni rastro de luz fuera de las ventanas, prácticamente solo suenan en mi cerebro las sinfonías o las sonatas para piano de Beethoven.

Vivo así, desde hace muchos años, en un mundo de pocas palabras, con un silencio de signos ambiguos. Este puede ser tanto tranquilizador como opresor y adictivo. En ese vacío, las manías van creando realidades paralelas, siempre más fantasiosas que concretas. Desde muy temprana edad pasé a vivir en el futuro, con la mente puesta en el nuevo disco que compraría, en la parada que haría en el próximo partido o, siendo un niño, imaginando el coche que cruzaría la esquina de la calle donde vivía, cuya marca intentaba adivinar. Aún hoy, rara vez mi cabeza consigue vivir en el presente, porque en él no existe la perfección. Está claro que nunca encontraré tal perfección, por no hablar de sentimientos sublimes y perennes, en el tiempo que está por venir. Pero en el futuro siempre hay más espacio para las ilusiones.

8

EL SILENCIO Y LA FURIA

La obediencia y el silencio marcan buena parte de mi vida. Durante mi infancia y adolescencia, lo que más contaba era la preocupación por no disgustar a mis padres. Con el transcurso de los años, esos dos componentes dejarán de desempeñar papeles proporcionales: la obediencia excesiva que dedicaba a mis padres desaparecerá para siempre, pero el silencio, en cambio, tenderá a crecer. Durante un período en el que tuve muchos amigos en el grupo judío, compartí secretos, proyectos utópicos para el mundo y tuve una intensa vida social. En el amor, fue importante conocer a Lili a una edad tan temprana. Para una personalidad como la mía, las oscilaciones de la vida afectiva hubieran sido más difíciles o dolorosas de lo que suelen ser para la mayoría.

Con el tiempo, volveré cada vez más al silencio que pautó mi infancia. En este sentido, mis horizontes se limitarán más y más al núcleo familiar. Tengo muchos amigos en el mundo editorial internacional, aunque algo me empujó a huir de las juergas, cenas y fiestas de las ferias de libros. No sé explicar las razones de este comportamiento. La arrogancia que desarrollé al principio de mi éxito profesional jugó un papel relevante en la crisis depresiva más grave que tuve. El miedo a una recaída, como la que sufrí a los cuarenta y tres años, me llevó progresivamente a la reclusión.

Empecé a vigilar cualquier signo de vanidad, que no siempre es algo negativo en la vida. Salir de fiesta en las ferias agudiza cierto narcisismo, te ves en la gente que te elogia y a la que cortejas, es divertido, embriagador quizá, pero, para quienes han pasado por lo mismo que yo, el riesgo parece excesivo.

Me creí el ombligo del mundo cuando tuve éxito como editor en la editorial Brasiliense y luego, aunque un poco menos, en los primeros años de Companhia das Letras. En el primer caso tenía veintidós años. En el segundo, treinta. Espero haber parado a tiempo. Con los brotes depresivos que vinieron después de mi éxito profesional, el silencio y la reclusión se convirtieron en alternativas menos peligrosas.

Una vez tomado ese camino, volví a sentir una significativa timidez social. Me aterran las cenas con asientos predeterminados, pero también me da pavor tener que sentarme junto a alguien que no forma parte de mi círculo más cercano. Cuando la elección es libre, me quedo paralizado y no logro elegir con quién sentarme. Pedirle a alguien que se siente a mi lado, u ofrecerme a ocupar un lugar libre en una de las mesas, me provoca gran angustia. En las recepciones a los autores en mi casa, cada vez menos frecuentes, ando por el comedor como un zombi, y al final de la noche le pregunto a Lili quiénes estuvieron presentes y de qué se habló.

Puedo asumir el papel de liderazgo necesario en el trabajo, pero socialmente, la mayor parte del tiempo, me comporto como un ermitaño.

Antes de que el silencio se apoderara de mi personalidad, pasé por un largo período de hiperactividad, en la editorial Brasiliense y en Companhia das Letras. Los libros y el éxito me provocaban un gran sentimiento de inquietud. El día del lanzamiento de *Chatô,* de Fernando Morais, acabé en el médico, con la tensión arterial por las nubes.

Algunas señales de descontrol comenzaron a aparecer en la época de Luizão, en casa de mis padres, principalmente en las peleas con Mirta. También me enfurecía por motivos menores, como un tocadiscos que se empeñaba en dejar de sonar antes de la última pista del disco o una silla giratoria que se desenroscaba sola. Rompí el equipo de música con un golpe de karate, y le di un golpe al cristal de la ventana de mi habitación con un calcetín volador tras una discusión con mi madre en la víspera de mi boda, que se preocupó por el ruido y llegó a pensar que me había tirado por la ventana. Destrocé una silla a patadas. En otra ocasión, ya casado, rompí el revestimiento del techo con un bastón, tras descubrir que mi secretaria de entonces no había pagado la cuota mensual del seguro médico cuando acababa de regresar de operarme la pierna. He dado innumerables puñetazos en la pared tras desavenencias familiares, o he hecho pedazos un póster de un puñetazo en la cara de una musa de Picasso. En esos momentos, la sensación de no controlar mis sentimientos es fuerte.

En el colegio, me peleé con un niño de primaria, pero otras muchas veces reaccionaba con el silencio o me mantenía alejado de posibles agresiones, sobre todo si no tenía forma de enfrentarme a un grupo de niños.

Recuerdo que, cuando tenía unos cuatro años, un niño mayor que yo me pegó en la plaza de Buenos Aires y regresé a casa llorando. Mi padre me llevó a su habitación y me preguntó qué había pasado. Cuando le conté que me habían dado una bofetada y que no había reaccionado, André me preguntó en qué lado y me abofeteó con fuerza en la otra mejilla. Me dijo que así aprendería a no llevar nunca una ofensa a casa.

En una de las innumerables ocasiones en que mi padre denegó mi petición de entrenar a fútbol con el equipo de la Hebraica, me matriculó en una academia de judo. Ya había practicado natación, voleibol y baloncesto, aburriéndome con los mediocres resultados de mis esfuerzos en esos deportes. La academia de judo estaba al final de la avenida Angélica, así que podía ir a pie desde casa, y a la vuelta tenía el plus de comerme una hamburguesa en los bares recién inaugurados del barrio.

Todo era nuevo: las famosas *jukeboxes* en las que podías poner un sencillo de las listas de éxito, o las muchas hamburguesas de huevo y beicon, o de huevo, mayonesa y lechuga. Frappés, *sundaes*, vacas amarillas (helado con guaraná) o vacas negras (helado con Coca-Cola): delicias que casi compensaban la tarea de practicar judo en lugar de parar los chutes ajenos.

Me esforzaba en la lucha, tenía que cumplir satisfactoriamente con las órdenes paternas. No tenía talento ni me atraía ese deporte, sin embargo, cuando comencé a entrenar, me convocaron para participar en una competición. Se trataba de un gran encuentro de todas las academias Yamazaki en el gimnasio del estadio Pacaembú. El espectáculo con el que comenzó el evento fue curioso, con cientos de niños alineados y vestidos con un kimono blanco, listos para competir. Yo era cinturón blanco, el menos avanzado, pero fui allí imbuido de la misión de luchar bien. Para el tiempo que había entrenado, tenía poca o ninguna técnica, pero no podía fallar. Mi padre estaba en las gradas. Gané los cuatro combates de la competición. Al no saber aplicar una amplia gama de golpes, agarré el kimono del oponente con mucha fuerza y no permití que ningún golpe me alcanzara.

Además, empujaba con firmeza a mis adversarios hasta el borde del tatami, simulando golpes que apenas sabía aplicar. Gané algunos combates por *wazari* (el golpe imperfecto que vale medio punto) y otros solo por la combatividad, que cuenta puntos en el desempate. Ninguna victoria fue por *ippon*, el golpe fatal. Al no perder, me convertí en campeón de mi grupo, y pasé del cinturón blanco directamente al violeta, color que me recordaba el trauma de la micosis contraída en Ma-Ru-Mi, pero que aun así me llenaba de orgullo. Ni que decir tiene que mi padre salió radiante del estadio Pacaembú. De la bofetada que me dieron en la plaza a cinturón violeta de judo había una evolución importante para él.

El trauma de la guerra en la que los judíos no pudieron, o no supieron reaccionar, dejó huella en la piel de varias generaciones. La disposición para luchar que mi padre reconoció en el tatami debió de tener un significado mayor que la medalla que recibí. Puede que le recordara el momento en que él y mi abuelo se enfrentaron a las milicias nazis húngaras. En aquella ocasión, que tendría trágicas consecuencias, András y Láios estaban unidos.

En el baloncesto, un suceso muestra cuánto me concentraba en momentos en que se requería responsabilidad. Nunca llegué a ser titular en el equipo de la Hebraica. No me gustaba el deporte, estaba allí porque mi padre me obligaba. Para crecer lanzando el balón a la canasta. Yo era el sexto jugador del equipo, el primer reserva. Una tarde en que un equipo visitante vino a competir a nuestro gimnasio, me pasé todo el partido en el banquillo. Entré en los últimos minutos para lanzar dos tiros libres. No entendí muy bien por qué me sacaron a la cancha justo en ese momento tan decisivo, cuando había cinco jugadores mejores que yo en el equipo. El entrenador, cuyo gesto no ha abandonado mi memoria, sabía que yo no eludía la responsabilidad y me eligió en ese momento crucial. El equipo de la Hebraica ganó por dos puntos, porque acerté los dos lanzamientos y a continuación terminó el partido.

Curiosamente, años después del campeonato de judo, el descontrol en el manejo de mi propia fuerza alcanzó a mi padre. Estábamos en Atibaia, y por una pulla tonta nos enganchamos en el borde de la piscina. Se suponía que era un juego y que no había que utilizar la fuerza, pero me descontrolé y apliqué a André un *koshi guruma*, un golpe de la época de judo. Él, un exboxeador, mucho más fuerte que yo, voló sobre mi espalda y cayó al suelo. Al no habérselo esperado y sin saber cómo caer, técnica que aprendíamos en el gimnasio, mi padre se enfureció. Se puso rojísimo y, humillado, se marchó de la piscina. Observé la escena y me di cuenta de que la mayoría de los presentes miraba sin entender. Intenté pedirle disculpas, pero solo las aceptó al cabo de unos días. No había ninguna razón consciente para mi violencia, no creo haber tenido un momento edípico, ni haber protagonizado algún tipo de venganza contra los gritos que a veces profería contra mi madre y que desde niño herían mis oídos. Debo de haber medido mal mi fuerza o quise alardear ante André, con muchos años de retraso. O perdí el control y apliqué un golpe a la persona equivocada en el lugar equivocado. Era, sin querer, Luizão en plena actividad.

Algunas de mis actitudes violentas pueden haber sido el eco de aquella bofetada en la plaza. En otros casos, me pregunto si fueron signos del trastorno bipolar que desarrollé con el tiempo. Algunas personas dicen que tal vez fueron simples reacciones de rabia, comunes a cualquier ser humano. Sin embargo, quien es bipolar siente exactamente cuándo una situación escapa a su control, y conoce el arrepentimiento y la culpa que se apoderan de nuestra cabeza, queriendo borrar por completo lo que acaba de suceder. Ambos momentos, el de ira y el de culpa, son igual de fuertes e incontrolables.

Como escribí más arriba, me diagnosticaron trastorno bipolar de forma tardía. El contraste entre los largos períodos de sueño vespertino y mi apetito exacerbado de joven revela la posibilidad de que la enfermedad ya estuviera formándose. O tal vez solo se desarrollara psicosocialmente con los cambios que fueron aconteciendo en mi vida. En la adolescencia, la depresión era mucho más visible que los episodios maníacos. El comienzo del coleccionismo −que durante la juventud se concentró en los discos− era señal precoz del síndrome bipolar, aunque de forma aislada no llegaba a permitir ese diagnóstico. Así, las oscilaciones que caracterizan el trastorno bipolar −con episodios inesperados de melancolía y postración absolutas seguidos de momentos de agitación excesiva, a veces violenta– no fueron claras para los profesionales que consulté, hasta que fue demasiado tarde. En la primera terapia, sin medicación, o más tarde, en 1989 y 1999, me consideraron un depresivo ordinario, sin picos de euforia o episodios maníacos. Los tratamientos para estas dos patologías son muy diferentes, y la confusión puede acarrear consecuencias trágicas.

No tengo reacciones incontroladas con la misma frecuencia que suelen tener los pacientes bipolares graves. Algunas personas que conozco, con casos de trastorno bipolar severo en la familia, se ríen cuando digo que padezco esta enfermedad, aunque de forma leve. Quienes sufren el drama del trastorno bipolar agudo en algún familiar saben que estas personas están inhabilitadas para llevar una vida social y práctica. En mí, las manifestaciones del trastorno aparecen más bien como inquietud mental, agudización de las obsesiones e insomnio profundo. Hasta hace poco, todavía elevaba constantemente el tono de voz en las discusiones familiares. Hoy, ya no. Mis reacciones furiosas, contra paredes, cristales y, en un caso reciente, contra una persona con la que me peleé, han pasado a ser raras. Aunque ocurre muy pocas veces, ante cualquier signo de intemperancia siempre me culpo a mí mismo, como si mi rasgo bipolar se hubiera descontrolado. Sin embargo, un bipolar típico puede tener este tipo de reacción de forma repetida, imponiendo un enorme sufrimiento a las personas que le rodean. Los estabilizadores del estado de ánimo son fundamentales en este sentido. De todos modos, ningún medicamento, por eficaz que sea, es capaz de liberar a un bipolar de alguna fluctuación en su temperamento, si bien con un tratamiento eficaz, el grado de esas oscilaciones se vuelve aceptable o casi inocuo.

Solo una vez grité a una colega de Companhia das Letras y minutos después escribí una carta de disculpa dirigida a todos los empleados en la que revelaba que soy bipolar. Llamé a mis socios ingleses –Penguin acababa de invertir en la editorial– y les avisé: «He perdido el control y he tratado mal a una trabajadora. Es mi deber contarlo; por cierto, sepan, si es que no lo saben ya, que soy bipolar». Les hizo gracia mi llamada, se rieron de verdad y me contaron que el presidente de entonces de la división estadounidense de Penguin tenía un ataque de ese tipo todos los días.

Tuve la misma actitud al disculparme públicamente por agredir a una persona que me insultó en el Festival Literario Internacional de Paraty (Flip). La noticia apareció en todos los periódicos. Todavía no he superado el incidente. A veces pienso que seré recordado por ese puñetazo propinado en público y no por los libros publicados. Atribuyo estas faltas de control a la bipolaridad, y me avergüenzo. Tal vez no sea por eso, nunca lo sabré. La sensación de que la sangre se me sube a la cabeza es aterradora. La noche que perdí el control en una discusión con mi madre —con la que me llevo muy bien pero que a veces me sacaba de quicio—, pisé a fondo el acelerador y metí el coche en la acera, fue, sin duda uno de los peores momentos de mi vida. Duró unos segundos, cuyo recuerdo sigue incomodándome hasta el día de hoy.

A los pocos minutos de algo así, me transformo en el más arrepentido de los hombres. Lloro o me sumo en un silencio total. Le pregunto a Lili qué he hecho. Los arrebatos de descontrol son una absoluta excepción en mi vida de bipolar, pero me afligen y no consigo olvidarlos. De este modo, las fases maníacas, más frecuentes que las depresivas en mi caso, se manifiestan como hiperactividad y ansiedad. Si no me medicara con antidepresivos y estabilizadores del estado de ánimo, sería imposible trabajar conmigo.

* * *

En un viaje en grupo organizado por la Chazit, pude comprobar cómo la bofetada de mi padre me había marcado de verdad, incluso décadas después. En los campamentos a los que íbamos, sobre todo en una casa de campo en Cotia, practicábamos el *krav maga*, la lucha del ejército israelí, ahora de moda como herramienta de defensa personal. Estas clases comenzaban con la enseñanza de alguna técnica, y continuaban con un ritual bárbaro, en el que teníamos que luchar entre nosotros, en medio de un círculo formado por nuestros compañeros. Al empezar la pelea, cada uno de los combatientes tenía que propinar una bofetada al otro. Una vez me seleccionaron para luchar contra un chico un poco más bajo que yo pero mucho más fuerte. Era literalmente un tanque. Al recibir la primera bofetada, tuve una reacción tan violenta que me tiré encima de él y lo derribé con un golpe de judo. Ni siquiera llegué a dar la bofetada protocolaria. Una vez en el suelo, procedí a asfixiarlo hasta que los monitores nos separaron antes de que pudiera hacerle daño de verdad. En otra ocasión, empujé gradas abajo a un hombre que se negó a sentarse cuando empezó el partido del Santos en el estadio Pacaembú. De vez en cuando desafío a los guardias autoritarios, como en un reciente viaje familiar a Roma. Muchas veces, Lili tiene que advertirme, o incluso sujetarme. Pelearse con la policía solo puede acabar en desastre, aunque no siempre lo recuerdo o consigo controlarme. La arrogancia de los policías en la aduana de los aeropuertos es un peligro para mí. Me enfado con gran facilidad y quiero enfrentarme a ellos y agredirlos verbalmente, como si tuviera algún poder para desafiar a autoridades abusivas.

No hace mucho, faltó poco para que me detuvieran al llegar solo a Nueva York. Como siempre, la que asume el control y evita que yo o toda la familia tengamos problemas, es Lili. Esta vez, cuando un agente de policía me humilló, ella no estaba presente.

Estas actitudes, cada vez menos frecuentes, pueden indicar solo el comportamiento de una persona impulsiva, pero a mí me suenan a descontrol bipolar. Con el paso de los años, he ido bajando el tono de voz, mis palabras se han vuelto más raras, lo que quizá dé la impresión de que soy un hombre en paz, sin conflictos interiores importantes. El tono de voz engaña.

Puede que algunas personas perciban parte de lo que pasa dentro de mí. Los que me conocen desde hace más tiempo se habrán dado cuenta, sobre todo los que trabajaron en los primeros años de Companhia das Letras. En aquella época estaba muy lleno de energía y convicciones. Por otro lado, actuaba con una profunda irritabilidad, ahora controlada con el uso de la medicación adecuada. Además, mi energía ha disminuido, y también mis certezas. Sabía lo que quería hacer como editor, y dejaba que mi naturaleza obstinada operara, pensando siempre que era por el bien de la editorial. Hoy no me he librado del todo de aquella excesiva determinación, pero no se puede comparar con los viejos tiempos.

Mi devoción casi religiosa se trasladó a los libros. Trato a los autores con un sentimiento entre el deber de protección y la idolatría.

Desde el principio de mi vida profesional, en la editorial Brasiliense, enfrenté con fanatismo todos los detalles que implica el trabajo de edición. Con este temperamento, facilitaba y dificultaba al mismo tiempo la vida de quienes me acompañaban profesionalmente.

En los primeros años de Companhia das Letras, me imponía la obligación de adoptar todas las decisiones de la empresa. Cuando la editorial creció, no siempre quería tomarlas, pero si había alguna reticencia o duda por parte de un colega, me apresuraba a presentar soluciones. Mi comportamiento excesivamente asertivo mandaba un mensaje diferente al que pretendía enviar. De alguna manera, quería fomentar la independencia de mis colegas y al mismo tiempo los inhibía con mi forma de ser. Mi puerta estaba siempre abierta y la gente se acostumbró a consultarme, porque nunca devolvía una pregunta sin tener una respuesta inmediata, con la clave del problema. Tomé muchas decisiones, tan equivocadas como rápidas. Hoy espero haber aprendido a delegar más y a dejar que los compañeros jóvenes acierten y se equivoquen por sí mismos.

En épocas de gran emoción y entusiasmo, y de menor control medicamentoso, era capaz de leer un original, escribir una carta y atender una llamada telefónica al mismo tiempo. Tal vez esa agitación sea aún menos normal que reventar de forma intempestiva el techo de yeso de mi casa o empujar a una persona que no me dejaba ver un partido de fútbol.

9

STROSZEK

De niño, visitaba con frecuencia la casa de mis abuelos, frente a la plaza de Buenos Aires. Me sentía muy bien con ellos, gracias a los mimos de mi abuela, que siempre se lo pasó bien conmigo hasta los últimos momentos de su larga vida, y a las conversaciones con mi abuelo, que me trató desde pequeño como a un adulto con pantalones cortos. Mis padres eran ambiguos, me atribuían responsabilidades desmedidas para la edad, pero lo hacían casi sin darse cuenta. Giuseppe, no. Por alguna razón decidió que su heredero sería, a una edad muy temprana, también un interlocutor.

Le hubiera gustado tener más hijos, pero Mici no quiso. Trabajaron duro durante la guerra y después de ella, y llegaron a Brasil en buenas condiciones. Era el típico judío emprendedor. Pero tenía sentimientos poco comunes entre los miembros de su generación. No quiso hacer fortuna a cualquier precio, se sintió bienvenido en el país, asumió la nacionalidad brasileña y decidió ser un patriota. Siempre valoró el hecho de haber podido entrar en el país usando su verdadero nombre y sin verse obligado a renegar de la religión judía. Aseguraba que el mal de Brasil era el fraude fiscal, y se enorgullecía de que cada tarjeta vendida por su imprenta iba acompañada de un recibo. Se negó a enriquecerse evadiendo impuestos, práctica habitual de muchos empresarios de la época. Cuidaba de los más de cien empleados de su empresa como si fueran sus hijos, dándoles consejos, prestándoles dinero y guiándoles en su vida personal. Era honesto hasta la médula. En una ocasión en que su matrimonio atravesaba un momento delicado, Giuseppe advirtió a mi abuela de que había empezado a fijarse en otra persona. No había ocurrido nada entre él y la secretaria a la que se refería. Pero mi abuela reaccionó muy mal, se tomó algunas pastillas extra y acabó hospitalizada. No creo que se tratara de un intento de suicidio, sino más bien de un acto de desesperación para llamar la atención.

Durante mi crisis más aguda, a los cuarenta y tres años, busqué lo mismo de manera extrema; aunque los motivos fueran más complejos, y me encontrase en peor estado que Mici, con una depresión mucho más severa. Hoy estoy seguro de que no quería suicidarme, de que me sentía completamente perdido, sobre todo por estar tomando una medicación inadecuada para mi condición de bipolar. En cuanto al acto de «locura» de mi abuela, me lo ocultaron, claro; aunque algo percibí en el ambiente. Cinco décadas después, cuando mi madre me explicó lo sucedido, me pareció que ya lo sabía.

Pasé muchos fines de semana con mis abuelos. A veces pedía quedarme con ellos durante la semana porque había una pequeña televisión en mi dormitorio. Cuando empezaron los festivales de la Record, me las arreglé para instalarme allí durante las finales y tener la televisión encendida con el volumen muy bajito hasta bien entrada la noche. La final del festival de 1967, cuyos cuatro primeros puestos se repartieron entre «Ponteio», «Domingo no parque», «Roda viva» y «Alegria, alegria», quedó para siempre grabada en mi memoria. Debí de bajar muchísimo el volumen por miedo a que me pillaran in fraganti. Al día siguiente, la emoción por el concurso hizo que no me durmiera en clase.

Puede que mis abuelos supieran que veía los festivales a escondidas, pero fingían no darse cuenta. También me las arreglaba para quedarme a dormir en su casa los jueves, cuando se emitía el programa *Esta Noite se Improvisa*, en el que los invitados tenían que cantar una canción que contuviera la palabra seleccionada por el presentador. Chico Buarque y Caetano Veloso formaban el dúo que se disputaba constantemente el liderazgo del espectáculo. No podía ver estos programas en casa de mis padres, ni siquiera a escondidas, ya que el único aparato estaba en la sala de estar. Me permitían ver cada día algunas series vespertinas, como *Agente 86*, *Los héroes de Hogan*, *National Kid* y *Bat Masterson*. Los fines de semana, empecé a ver partidos de fútbol por la tarde, o por la noche, cuando mis padres se iban con sus amigos a una discoteca llamada Baiuca. Junto con la cocinera que vivía en casa, solía ver programas con público asistente cuyo nivel no era de los más altos. Veíamos *Telecatch*, con Rony Cócegas y Fantomas enfrentándose a Ted Boy Marino, o los programas sensacionalistas de crímenes y variedades, como *O Homem do Sapato Branco*, *Programa Goulart de Andrade* y *Programa Flavio Cavalcanti*. En estos espectáculos se escenificaban crímenes tan atroces como falsos, los médiums realizaban sus prácticas espiritistas en directo y los aspirantes a artista, llamados novatos, eran humillados ante un público ávido y sádico. Nilda y yo, y más tarde Maria y yo, nos pasábamos horas viendo esos espectáculos chabacanos, pero creo que lo importante para mí era no estar solo, y tener la libertad de ver la televisión hasta muy tarde.

La estancia con mis abuelos que más marcó mi vida duró todo un mes y coincidió con un viaje de mis padres alrededor del mundo, visitando varios países de Europa, Estados Unidos y México. El viaje fue en junio, el mes de mi cumpleaños. Mis padres mandaban postales y cartas desde todas las ciudades por las que pasaban, pero en esa fecha tan especial se las ingeniaron para enviarme por mensajero un sombrero mexicano completamente bordado y demasiado grande para mi cabeza, que me puse en el momento de cantar «Cumpleaños feliz». Desde allí también enviaron una postal de Acapulco, y fotos de los dos en la ciudad. En la tarjeta, un hombre saltaba desde un desfiladero, y en la foto se les veía muy guapos y felices. Unos años más tarde, vería dos películas, una de Tarzán en Acapulco, en la que el héroe salta desde las alturas, y otra de Cantinflas, en la que se ridiculizaban las aventuras de Tarzán en México. Esta última la vi con mi abuelo en São Vicente. En cualquier caso, la figura de Johnny Weissmuller, el héroe de la selva que había sido campeón de natación, debió de reemplazar la imagen que tenía de mi padre. El porte de André era similar al del héroe del cine y la televisión, y a él le encantaba nadar. Siempre decían que se parecía mucho a Danny Kaye y Kirk Douglas.

Cuando mi padre ya era viejo, me vinieron las imágenes de esas vacaciones, y comencé a verlo como un Tarzán fuera de su hábitat. Investigué un poco y descubrí que eso fue exactamente lo que le pasó a Johnny Weissmuller, que después de representar su famoso papel nunca pudo reinventarse. Está enterrado cerca de Acapulco, en un lugar hoy medio abandonado que sirve de pasto para las vacas. La película de Tarzán en esa ciudad fue la que más marcó su carrera. Se dice que el propio Weissmuller quiso saltar desde el elevado acantilado, desde donde solo los saltadores locales conseguían hacerlo. Estos y el equipo de producción de la película se lo impidieron.

Muchos años después, la figura de Weissmuller volvía a mí mientras era testigo de la decadencia física de mi padre. Veía que la muerte de André se acercaba lentamente y no sabía qué hacer para ayudarlo. No solo estaba triste, sino también cansado y viejo. Las dificultades que siempre le creó su silencio, ahora parecían insoportables. Eran silencios elocuentes combinados con quejas imposibles de atender. Su tristeza me dolía cada vez más.

Durante los años que trabajó con mi abuelo, es decir, hasta la muerte de Giuseppe, mi padre quedó relegado a un segundo plano. Las desavenencias en el trabajo invadieron su vida personal y dañaron su matrimonio. Ya anciano, venía a mi casa una noche a la semana. Siempre llegaba antes de la hora convenida y se enfadaba por no encontrarme. También salíamos a comer semanalmente. A veces se quejaba de forma explícita de su matrimonio y me pedía ayuda, pero en general apenas teníamos nada de que hablar y siempre me sentía desafiado. Hoy me reprocho haber deseado que esos encuentros terminaran, por haberme distraído o haber resoplado mientras mi padre hablaba, o incluso cuando se sumía en un silencio inconsolable. La visión de André primero como héroe y luego como Tarzán envejecido y fuera de su rol dio lugar a mi cuento «Acapulco». Quizá es el que más me gusta de cuantos he escrito.

Las peleas en Cromocart me apartaron por completo de la imprenta que iba a ser mía. Es posible que ya supiera que nunca seguiría el guion del heredero, aunque estudiara administración de empresas en la universidad. Pero no tenía agallas, ni siquiera a los dieciocho años, para decirles a mis padres y abuelos que quería elegir mi propio camino dentro del mundo de las ciencias sociales. Más tarde, quedó claro que si tenía que emular a alguien, quería imitar a mi abuelo en su faceta emprendedora. Al principio pensé que acabaría siendo profesor universitario de sociología, aplicada a la administración de empresas. Estudiaba con ahínco obras de la disciplina en la Fundación Getulio Vargas (FGV). Tiempo después, me dediqué a los libros de Michel Foucault en particular. Escribí un librito para uso interno sobre el funcionamiento de las instituciones disciplinarias a partir de *Vigilar y castigar*, la obra del filósofo francés acerca de las prisiones, y sobre el concepto de institución total de Ervin Goffman, que también englobaba los manicomios. Hoy en día, con mi carrera de sociólogo abandonada, sentiría vergüenza de semejante escrito.

Descubrí que todos los departamentos de FGV estaban obligados a contar con un becario, de modo que fui a hablar con el profesor jefe del área de ciencias sociales para solicitarle el puesto. No podía negármelo, pero tampoco tenía cometidos que encargar a un becario. Me contrató y me dijo que fuera a la biblioteca, eligiera libros de sociología, los leyera y escribiera una ficha sobre los mismos. No me indicó lo que debía leer. Así que hice un curso de ciencias sociales por mi cuenta, empezando por los clásicos, Émile Durkheim, Weber, Marx, y luego pasando por los grandes sociólogos brasileños, como Florestan Fernandes y Fernando Henrique Cardoso, entre otros. Al terminar las lecturas, entregaba las fichas al profesor Esdras. Un día, al salir de su despacho, miré hacia atrás y le vi tirando mis notas a la papelera. En un curso de ciencias políticas con la profesora Vanya Sant'anna, estudié tanto que en los exámenes tuve dificultad para escribir con mis propias palabras. Recuerdo uno en particular sobre las teorías de Antonio Gramsci. Iba tan preparado —había memorizado el libro del pensador italiano—, que temí que la profesora pensara que había copiado. No fue así, pero solo me puso un 8,5 de nota. Cuando protesté, la profesora me respondió que no me quejara, pues ella solo pondría un 10 a Marx, y un 9 a Lenin o a Gramsci.

Yo era muy de izquierdas, anarquista, y reacio a los partidos políticos. Por influencia de profesores de esa línea de pensamiento, mi interés se centró en entender los mecanismos disciplinarios en las fábricas y en los manuales de psicología industrial. Incluso llegué a matricularme en un curso de posgrado en ciencias sociales con este fin, en la Facultad de Filosofía, Letras y Ciencias Humanas de la Universidad de São Paulo; también pensé en regentar una pequeña librería. Pero eso acabó por no ser suficiente, y la vida encontró la manera de que emprendiera un camino empresarial similar al de Giuseppe.

Sobre la posibilidad de trabajar en familia, mi abuelo, muy inteligente, se anticipó. Durante un viaje a Buenos Aires, salió a pasear conmigo y me dijo que intuía que yo no iba a trabajar en Cromocart, para no tener que repartir las tareas con mi padre. Poco después, mi padre hizo lo mismo. Durante una de nuestras conversaciones me recomendó no trabajar con mi abuelo.

Baba y Deda —así llamaba yo a mis abuelos— ocupan un lugar destacado en «Acapulco». La estancia en su casa durante el viaje de mis padres y la llegada del inesperado sombrero el día de mi cumpleaños constituyen el núcleo narrativo, en paralelo a la historia de Weissmuller. Mi abuela cayó gravemente enferma mientras yo escribía mi primer libro de cuentos. Ya tenía noventa y cuatro años. Me apresuré a terminar el texto para que ella pudiera leerlo. Valió la pena. Mici guardó *Discurso sobre o capim* en la mesita de noche hasta que falleció. Decía que los mejores cuentos eran aquellos en los que estaba presente. Organicé la presentación en una librería cercana a su casa, y me confirmó que iría. Observé que organizó el tocador, como narro en la historia, para peinar su larga cabellera, siempre recogida en un moño. Pero no pudo hacer realidad ese sueño nuestro y al final no asistió al evento. Su muerte se produjo poco tiempo después.

Mis abuelos son los responsables de varios capítulos felices de mi existencia. En los últimos años de su vida, mi abuela me advirtió que me iba a dejar menos dinero en herencia porque su intención era gastar buena parte de cuanto tenía viajando cada año, en el verano europeo, con Lili, mis hijos y yo. Hicimos viajes increíbles a su lado. Uno de los primeros fue un crucero en un barco de tamaño medio por los fiordos noruegos. La embarcación era bastante sofisticada para nuestros estándares, lo que hizo que Baba se riera a carcajadas. Realmente quería gastarse el dinero en viajes. Para la tradicional cena en la que el capitán se sentó a nuestra mesa, se puso un vestido brillante, como si fuera a su puesta de largo. Con más de ochenta años, se refería a los demás pasajeros del barco como «esos vejestorios». Después de otros viajes en barco por el Rin y el Mediterráneo, hicimos un *tour* por la Toscana, para el que alquilamos una furgoneta grande y blanca Fiat Ulysse. Fue tanta la diversión que los cinco nos moríamos de la risa ante la simple mención del nombre Ulises, como llamábamos al vehículo. Yo conducía a Ulises y Lili se encargaba de las rutas. En los asientos traseros, los bisnietos y la bisabuela apenas se acordaban de nosotros.

Otro viaje que entra en la lista de los grandes momentos que Mici proporcionó a mi familia fue el que hicimos en autocar por los lagos de la Columbia Británica, en Canadá. Cuando llegamos al lago Jasper, alquilamos unos patines y, sin darnos cuenta, patinamos por buena parte de la extensión del resort. Al final arrastré a mis hijos al lago, donde la temperatura se acercaba a los cero grados. Yo me tiré primero y, tras volver rápidamente a la superficie, sujeté a Júlia y a Pedro por los brazos para que se sumergieran durante unos segundos. Mi abuela, siempre elegante, con ropa europea y zapatos con hebillas laterales, contemplaba el espectáculo como si viviera su testamento.

Antes de eso, aún soltero, pasé una deliciosa semana con ella en San Francisco. Estaba terminando la licenciatura y pensaba convertirme en sociólogo. Mis padres jugaron la última carta intentando convencerme de que hiciera un curso de posgrado en administración de empresas en Stanford. Mici eligió el mejor hotel para su nieto, situado en lo alto de la colina, en la parte más elegante de la ciudad. Al final ni siquiera fui a Palo Alto a visitar la universidad con la que soñaban mis padres, y pasé todos los días con ella. Vimos un recital de Segovia y fuimos al ensayo de la orquesta local. Asistí solo a un concierto, con Herbie Hancock y Chick Corea tocando sendos pianos de cola uno frente al otro, pero lo más sorprendente sucedió un atardecer, cuando cruzamos el Golden Gate en dirección a un pequeño cine, situado en un garaje, donde se celebraba un minifestival de películas de Werner Herzog.

El sol se puso mientras cruzábamos el puente, y la escena de abuela y nieto en ese taxi, con la luz entrando por las ventanillas, resume mi luminosa relación con Baba. Íbamos de camino al cine más cutre que he visto en mi vida. Lo curioso es que no me importaba si el programa era adecuado al gusto de mi abuela. Que, de hecho, no lo era. La película del día era *Stroszek*, una obra tan bella como lenta y triste. La angustia se apodera del espectador desde los primeros momentos, cuando el actor y protagonista, Bruno S., recorre, en la vida real y en la película, los límites de la llamada «normalidad» psicológica. El drama se incrementa y, en los minutos finales de la proyección, Stroszek se quita la vida en un telesilla. La escena se corta, y la cámara enfoca a continuación una gallina que baila frenéticamente sobre un disco giratorio, presa en una especie de vitrina. Un pato, también confinado tras un cristal, acciona un tambor sin cesar con el pico, y un conejo pone en marcha un camión de bomberos. Cuando los títulos de crédito aparecieron en la pantalla y se encendió la luz, vimos que en el cine solo estábamos mi abuela y yo.

Regresamos en silencio por el mismo puente. Tuve que escuchar por el camino varios lamentos y quejas sobre la extraña película que había elegido y que nos había obligado a atravesar toda la ciudad. Además, nos costó muchísimo conseguir un taxi para ir de ese garaje hasta el hotel Fairmont, lugares que no podían ser más opuestos. Pasamos una hora en la puerta del cine, que parecía un motel; la abuela bajita y elegante y el nieto alto, delgado y melenudo. Ya estaba pensando en hacer autostop cuando apareció un taxi.

Nunca se me había ocurrido que los intentos extremos por parte de Mici de llamar la atención al tomarse un exceso de pastillas, y el mío, haciéndome cortes en los brazos —algo que haré en el peor momento de la depresión— vinculan aún más mi historia a la de mi abuela. Durante la película, no sé si ella pensó en su acto, sin embargo, para el mío faltaba mucho. Cuando ocurrió, protegieron a Mici, que no se enteró de nada. Sé que habría contado con su total comprensión, pero habría sido demasiado doloroso decepcionarla a tal extremo.

Tengo una imagen muy viva de mi abuelo en la que me enseña a jugar al ajedrez a una edad muy temprana, y me sienta frente a él en una mesa de madera brillante, con las piezas del juego de marfil. Los pies aún no me llegaban al suelo. Nunca me gustó mucho el ajedrez, yo era demasiado disperso para un juego tan largo. Mi abuelo tenía el mismo problema, era hiperactivo, pero lo importante en esos momentos era el hecho de sentarnos cara a cara, de igual a igual. Las visitas a la imprenta los domingos iban precedidas de un paseo por la plaza de la República. Allí compraba sellos para una supuesta colección que decía reunir para mí. Luego miraba los cuadros de los pintores populares que exponían sus obras en el suelo. Casi todas las semanas compraba un cuadro con paisajes primitivos y colores vivos, reservándose el derecho de reproducirlos en impresiones de la Cromocart. Hacía que los artistas firmaran comprobantes dándole permiso para ello. Firmaban de buena gana, de hecho, ya conocían a Giuseppe y se disputaban su atención en la plaza. Desde luego, mi gusto artístico no se formó durante aquellas mañanas, sino en las clases de historia del arte a las que mi madre y un grupo de señoras asistían una vez por semana en nuestro piso. La profesora era Liseta Levy, una crítica de arte con acento italiano que había perdido una pierna. A veces me pasaba toda la clase al lado de mi madre, otras me sentaba en el suelo y miraba las piernas de las amigas de Mirta, con la atención puesta en el solitario miembro de la profesora. Ella, mientras tanto, hablaba sobre El Greco, Canova y Cézanne, pero mi cabeza se dividía entre las historias que oía y el número impar de piernas que veía.

Después de las clases, me gustaba hojear la colección Maestros de la Pintura, que mi madre adquiría en los quioscos y luego hacía encuadernar.

El contraste con los cuadros que mi abuelo se llevaba los domingos a Cromocart no podía ser mayor, pero lo más importante es que, antes de comprarlos, me pedía mi opinión. ¿Este o aquel?, preguntaba. Y yo tenía que elegir.

En la imprenta, que los domingos estaba cerrada, se ocupaba de cosas que no podía hacer durante la semana. Buscaba entretenerme, algunas veces poniendo a funcionar la máquina de dorar santos bajo mi mando. En esos momentos, me sentía responsable de poner el halo de oro alrededor de la cabeza de los santos, un milagro en el que nosotros, judíos, no podíamos creer.

10

LUTO

André murió, hace casi catorce años, tras una operación falli-
da para sustituir una válvula del corazón que se había infec-
tado. Es probable que la infección llevara tiempo, y que fuera
responsable de la debilidad que yo notaba cuando quedába-
mos. La dificultad para caminar en aquel hombre fuerte y
deportista, sumada a la depresión y la tristeza, agudizadas al
final de la vida, eran señales de una muerte anunciada y lenta.

El lado tacaño de mi padre se exacerbó tras la jubilación y
se negó a someterse a un tratamiento dental por parecerle
demasiado caro. Tenía que hacerse un puente y cambiarse
una prótesis fija por una móvil, lo que era demasiado para su
vanidad. Un hombre apuesto como él no quería tener que
dormir dejando un diente en un vaso en el baño. La infección dental se le extendió al corazón, lo que el médico anotó
en su lista de control. André fue ingresado en el Hospital Israelita Albert Einstein con septicemia, ardiendo de fiebre. Yo
estaba de vacaciones fuera del país. El diagnóstico fue endo-
carditis causada por infección dental, un caso que aparece en
cualquier manual de cardiología.

Mi padre estuvo un mes hospitalizado, intentando evitar
con antibióticos la operación de la que no saldría con vida.

Al enterarme de lo que ocurría, volví de inmediato a Brasil, y lo visitaba dos o tres veces al día. Me quedé a dormir

muchas noches junto a él. Me ocupé lo mejor que pude de todo, sin que André dijera nada al respecto. Trataba a Lili, Júlia y Pedro con cierta alegría, pero no me perdonaba la eterna deuda que contraje con él al dejar de aportar soluciones a sus problemas personales. Tampoco necesitaba disimular, ante mí, que intuía el rumbo que las cosas estaban tomando, y solo mostraba a su hijo tristeza y aprensión. Durante su larga estancia en el hospital, se celebraron las grandes fiestas judías. André no estaba en condiciones de ir a la sinagoga de la Congregación Israelita Paulista, pero el Albert Einstein cuenta con un pequeño templo. Fue la primera vez que vi a mi padre mostrarse prácticamente indiferente a las oraciones. En la silla de ruedas, pensaba en sí mismo, en la muerte que se aproximaba. Fue la primera vez que no pensó en su padre. Lo llevamos a rezar, con un traje que, debido a su estado o a la falta de corbata, le confería un aspecto desaliñado. Se negó a ir a la sinagoga con un simple pijama de hospital, pero su porte distaba mucho de la elegancia habitual que había exhibido en tales ocasiones. Sin embargo, la mayor diferencia era otra. Tenía los ojos secos. Viviendo el drama de su lenta muerte, a André no se le llenaba los ojos de lágrimas por su padre.

Después de la operación, solo se despertó una vez, durante unos segundos, pero con una expresión de pavor que jamás olvidaré. Si volvía a despertarse, tendría secuelas irreparables. Así que pedimos que no se hicieran esfuerzos de reanimación si se desencadenaba una nueva septicemia. Su hora llegó al cabo de unos días.

Nunca imaginé que el duelo por su muerte llegaría a ocupar tanto tiempo en mi vida. Han pasado catorce años y no sé decir si mi luto ha terminado o cuándo ha sucedido.

Empecé a visitar su tumba cada año por su cumpleaños. No tenía ni idea de lo importante que acabaría siendo eso para mí.

El cementerio judío funciona según el calendario lunar. Cuando el aniversario de defunción cae en día festivo, permanece cerrado a las visitas. Un año en que el 20 de mayo cayó en festivo, me impidieron la entrada. Furioso, grité que tenía que encontrarme con mi padre, y casi perdí el control con el pobre guardia del lugar. Las puertas continuaron cerradas.

Cuando los judíos visitamos las tumbas de nuestros seres queridos, solemos colocar piedras en ellas. Así que recogí algunas de pequeño tamaño en el camino y las lancé por encima del muro del cementerio, para al menos cumplir simbólicamente con ese ritual.

En las ocasiones en que visito el cementerio de Butantã, rezo el kadish con emoción y converso con André. Le hablo de mis problemas, le pido ayuda, algo que dejé de hacer cuando era muy joven. Mi padre se quejaba; siempre me recordaba nuestro pacto, decía que nunca me había vuelto a abrir con él.

A veces, Lili o mis hijos me acompañan al cementerio. Una vez que fui con Júlia, vimos que alguien ya había pasado y dejado una piedra sobre la lápida. Era temprano y nuestra sorpresa fue grande. Mi padre tenía amigos fieles que aún vivían, aunque todos eran muy ancianos. Esto ocurrió unos años después de haber escrito mis primeros cuentos, de los que, a excepción de «Acapulco», tiendo a renegar. Muchos de ellos partían de situaciones un tanto insólitas, y describían personajes muy ineptos, solitarios o torpes. Traté de lidiar con la historia de mi padre en parte de los textos. Al ver la inesperada piedra en la tumba, Júlia sonrió y me dijo: «Papá, esto parece uno de tus cuentos».

Su comentario se me quedó grabado en la cabeza; sin embargo, me sentía demasiado insatisfecho con la escritura para arriesgarme de nuevo. Muchos años después, decidí intentarlo. Empecé a escribir una novela cuyo personaje principal era André. Comenzaba el libro precisamente con la escena de un hijo que encontraba una piedra en la tumba de su padre y se preguntaba si acaso este habría tenido algún amor secreto. La historia se basaba en cosas que ocurrieron realmente, pero había varios pasajes del todo ficticios. Estos no eran muy buenos, de nuevo carecían de la densidad necesaria. El protagonista era un hombre solitario, al que su hijo visitaba con frecuencia. Su mujer lo había dejado de repente. El hijo, al que llamé Rodolfo, preparaba *playbacks* de dúos de amor de las óperas de Puccini, de los que eliminaba las voces de los tenores para que el padre pudiera cantar con las principales divas de la ópera mundial.

La novela sin carácter sirvió al menos para sumergirme en la historia de André. Leí sin parar sobre la ciudad de Budapest tomada por los nazis en 1944, sobre los campos de trabajos forzados que mi padre tuvo que frecuentar antes de que se lo llevaran junto con mi abuelo a Bergen-Belsen. Investigué sobre la Italia de la posguerra y la llegada de algunos judíos húngaros a Brasil. André contaba que había recibido clases de portugués con Paulo Rónai en Río, y traté de averiguar un poco sobre la vida de este gran intelectual, que también pasó por campos de trabajos forzados en Hungría. Estudié además la vida de Puccini, cuya historia inserté en medio de la trama.

Leer sobre el compositor de la Toscana, que convirtió a sus heroínas en fuente inevitable de tragedia, supuso un enorme placer. Cuando decidí hablar de Puccini en la novela, yo no tenía ni la menor idea de que el músico padecía las típicas crisis bipolares, que iban de la manía absoluta en los períodos de creación a la profunda melancolía tras el estreno de las óperas en diversas ciudades del mundo. Los amores de Puccini en sus giras, motivación central para la creación de las óperas, contrastaban con el personaje parcialmente basado en mi padre, que no conseguía enamorarse y vivía solo, guardando en una habitación cerrada con llave un diario y objetos de una hija que nunca tuvo.

En el período en el que escribí el texto, yo ya me había reconciliado con la ópera. Me convertí entonces en un aficionado a Puccini, tanto por la sofisticación que encontré en su música como por la asociación con mi padre. Visité su casa de Torre del Lago, en la Toscana, en la que compuso muchas de sus óperas y donde también se suceden varias de las escenas descritas en mi obra. Como mínimo, durante unos meses en los que soñé con ese libro, Puccini y mi padre tuvieron mucho en común. No importa que el bipolar de la familia sea yo, la novela frustrada los unía. No llegué a terminar la parte relativa al compositor, cuya muerte por una dolencia cardíaca me habría permitido establecer otros lazos ficticios entre él y el viejo solitario (mi padre).

La noche que vimos el documental sobre el gueto de Varsovia, André me explicó que en 1946 estuvo en Cinecittà, donde trabajó como figurante en *Roma, ciudad abierta*. Entendí que había trabajado en los estudios, pero me equivoqué. Para escribir un cuento titulado «Pai», investigué un poco y comprobé que Cinecittà estaba cerrado en esa época. De hecho, mi padre fue extra, y no solo en la película de Rosselini, a cambio de una paga mínima, con la que él y otros refugiados compraban unas castañas que después dividían en el refugio. Vivían en una mansión abandonada y sin techo en el barrio de Ostia, en Roma. Pero las películas del neorrealismo italiano se rodaban fuera de los estudios, en plena calle, prescindiendo de grandiosos decorados.

En busca de otras huellas de la vida de mi padre, y todavía con la idea equivocada de que él había trabajado en Cinecittà, indagué sobre las otras películas rodadas en los estudios que eran la perdición de Benito Mussolini. Leí entonces que, tras ser tomados y abandonados por los alemanes, los estudios de cine fueron convertidos en campo de refugiados, y comprendí mi error. Mi padre había vivido allí, no actuado allí. Los judíos y otros refugiados se alojaban en cubículos construidos junto a decorados que se habían usado en películas de exaltación del régimen fascista. André Conti, editor en ese momento de Companhia das Letras, descubrió un artículo sobre la vida de los refugiados que ocuparon Cinecittà. Además de la descripción del tamaño de los cubículos levantados con paredes falsas, había fotos que mostraban la proximidad entre ellos y los decorados y trajes abandonados. En estas diminutas habitaciones improvisadas vivían las familias judías y otros supervivientes de la guerra mientras esperaban a que algún país los acogiera como inmigrantes.

Un largo pasaje de la novela interrumpida transcurría en Cinecittà. El texto pecaba de nuevo de un exceso de historias, y de una falsa erudición propia de un editor. No tenía la concatenación adecuada, y los personajes se resentían de la falta de complejidad. En mi afán por encajar todas mis lecturas en la trama, me olvidaba de que son los detalles lo que hacen creíble una narración. Una historia secundaria de la trama presentaba a un operador de cámara alemán que había trabajado con Leni Riefenstahl, había estado presente durante la ocupación y el saqueo de los estudios romanos por los nazis, y se había refugiado allí una vez estos abandonaron el lugar, consciente de que las cosas empezaban a torcerse para su país.

Mientras leía todo lo que caía en mis manos sobre Leni Riefenstahl y escribía esta parte, me enteré de que un autor boliviano había publicado una novela cuya protagonista estaba inspirada en una mujer que había trabajado con Leni. Con dudas acerca de la calidad de lo que estaba escribiendo, y sin leer el libro en cuestión, la coincidencia bastó para hacerme entrar en razón, constatando una vez más mi falta de originalidad como escritor de libros de mayor calado.

También mientras escribía busqué a una amiga de mi padre, que ahora vive en el Hogar de Ancianos de la comunidad judía en São Paulo y a la que visito a menudo. En aquel tiempo todavía no se había trasladado al asilo y me recibió en su bonito piso del barrio de Higienópolis. Me sirvió té en un juego de porcelana de buena calidad, me enseñó fotos de sus nietas y me contó detalles de las experiencias que había compartido con André. Llegó a Italia tras haber sobrevivido al campo de concentración de Auschwitz. La enviaron junto con su marido a Ostia, donde los alojaron en la casa en la que vivía mi padre. Todos los que estaban allí esperaban un visado de emigración a Israel. Entre otros muchos detalles de la vida en Ostia y en Cinecittà, Magda me explicó cómo presenció la actuación de mi padre como extra en una película, en las calles de Roma. Me contó que André tuvo que ponerse un uniforme nazi para el rodaje. Emocionada, me mostró los números tatuados en su brazo y me dijo: «Luizinho —hasta la fecha me llama por mi diminutivo—, sobreviví a Auschwitz, pero debo confesar que tu padre estaba muy guapo con ese uniforme».

Fue Magda quien me habló de las castañas que mi padre compraba después de los rodajes y compartía con todos los refugiados de la casa. Mencionó asimismo comportamientos de mi padre que, para mi sorpresa, lo revelaban como el verdadero líder de las personas acampadas en aquella mansión sin techo. Magda y André se mudaron de Ostia a Cinecittà cuando renunciaron a emigrar a Israel y aceptaron ir a cualquier otro lugar. En el momento en que decidieron venir a América, del Norte o del Sur, los trasladaron a los estudios, de donde salían a diario a las calles de Roma e intentaban vender parte de la comida y la ropa que les donaban, para ahorrar algo de dinero y pagar el futuro viaje. Al final, embarcaron en el mismo buque con destino Brasil.

La noche que mi padre me contó su historia, me dijo que un día en que se estaba tomando una copa con un amigo húngaro, este le convenció de no ir a Israel. En cambio, André disuadió a su amigo de que cambiara de destino. Uno iba a migrar a Israel y llegó a Brasil, y el otro pretendía ir a Estados Unidos y acabó en Israel. Mi padre persuadió a su amigo de que Israel era el único lugar al que podía ir un judío. El amigo le hizo ver a mi padre que después de la guerra era mejor buscar una tierra donde hubiera paz. La oportunidad casi aleatoria de conseguir los visados también llevaba a la gente a alterar su camino. Era como una lotería, en la que estaba en juego el destino de los judíos.

Por lo que cuenta Magda, es posible que en esa época mi padre tuviera una personalidad diferente. Ciertamente ya estaba marcado por la duda y la culpa con respecto a la muerte de Láios, pero enfrentado a la supervivencia inmediata no tenía tiempo para que la tristeza se apoderara de él. Magda me confesó que las noches de lluvia era imposible descansar en aquella residencia, que al haber pertenecido a algún alto mando del ejército fascista debía de haber sido bombardeada y después abandonada. Todos intentaban refugiarse en algún rincón a la espera de que dejara de llover. No sé si mi padre dormía el resto de los días, pero apuesto a que no.

11

BIEN ENTRADA LA NOCHE

Era muy temprano cuando sonó el teléfono. Mi madre, con voz muy seria, me pedía que fuera a su casa de inmediato. En aquella época, la vida de mis padres era terrible, pero no se separaban por dos razones: mi padre no quería, tenía miedo de envejecer solo, y a veces incluso decía que seguía queriendo a mi madre; y no se ponían de acuerdo sobre el valor del piso en el que vivían, que debían vender para repartirse el dinero, o comprarlo alguno de los dos.

Las cenas familiares de los viernes, que comenzaban con la bendición del vino por parte de mi padre y con la del pan, que hacía yo, eran un suplicio para toda la familia. Mi madre intentaba controlar la situación, fingiendo que no lo hacía. Y mi padre se quejaba por todo. Lo normal era que ambos discutieran durante la cena, o que hubiera mucha tensión en el ambiente.

Cuando llegué al piso esa mañana, me enteré del motivo de tanta urgencia. Por primera vez, André había perdido el control y había abofeteado a Mirta. Se exaltaba con frecuencia en las peleas, pero solo verbalmente. Todo había sucedido muy rápido y no había nada más que hacer. Mi padre estaba tranquilo, arrepentido, y no existía ningún riesgo de que repitiera ningún acto de violencia. La llamada de mi madre fue un grito de ayuda inmediato, que luego se convirtió una vez más en el anhelo de que el hijo resolviera los problemas irresolubles de la pareja.

André y Mirta solo repetían las esperanzas que habían depositado sobre mis hombros desde muy temprana edad. Me senté con la cabeza entre las manos y en silencio. Al cabo de un rato me dirigí a la puerta y dije que no era justo, que ningún hijo merecía que lo abocaran a semejante situación. Creo que por primera vez les recriminé algo así como: «Eso no se le hace a un hijo», y me fui para no llorar delante de ellos. De las peleas de mis padres, esa fue la más violenta. También fue una novedad el hecho de que no les ocultara cómo me sentía por verme en esa posición, en el centro de la vida de ambos, y con tanta responsabilidad.

Volví a casa llorando, incapaz de ir a la editorial. Mis hijos ya eran mayores, Júlia estaba a punto de cumplir dieciocho años y Pedro tenía catorce. Habían vivido con cierta frecuencia las crisis de pareja de mis padres, pero se llevaban muy bien con los dos, que siempre fueron grandes abuelos. Ese día tomé una decisión: tenía que recordar a mis padres como los había visto en mi infancia, o al menos como había intentado verlos, como héroes.

Empecé a escribir sin demora, en la pequeña estancia donde estaba el voluminoso ordenador que usábamos entonces. Me decía a mí mismo que tenía que hacerlo por mis hijos, para mostrarles cómo eran mis padres, cómo los veía de niño, pero hoy sé que eso no era más que una excusa. Estuve expuesto a las desavenencias durante mi infancia, muy pronto se me asignó un papel en el equilibrio de la pareja. Quería recordar otra historia, una que no hablara de la separación, las fragilidades de mis padres, y sobre todo que recuperara una imagen de mis padres que nunca conduciría a lo acontecido esa misma mañana. Quería recordar a la pareja como si nada de eso hubiera ocurrido. Buscaba a unos padres y un matrimonio que en realidad jamás habían existido.

Seguían siendo apuestos, como en las fotos de antaño, pero quería recordarlos como personas que siempre habían sido fuertes, que vivieron momentos de auténtico heroísmo durante la guerra. Sí hubo heroísmo, sobre todo por parte de mis dos abuelos, de mi padre y en cierta medida también de Mirta, que en su huida de Yugoslavia, a los tres años de edad, tuvo que memorizar un nuevo nombre para cruzar la frontera. Y afrontó momentos difíciles a causa de su salud tras tantos viajes, de Yugoslavia a Italia y, una vez allí, de norte a sur. Con escarlatina, tuvo que guardar cuarentena en Trieste, sin poder ver a sus padres durante cuarenta días, entre otros percances. Solo contaba entonces cuatro años. Giuseppe fue muy inteligente cuando los nazis se acercaron a Zagreb, donde vivía la familia Weiss, que escapó a Sarajevo y de allí a Italia. Mi madre me contó innumerables veces cómo su padre, al darse cuenta de que los nazis entraban por una puerta de su fábrica de sombreros para quitársela al propietario judío, escapó por la parte de atrás. El itinerario de salida del país ya debía de estar medio pensado. De este modo, abandonaron Croacia y Bosnia sin que los llevaran a ningún campo de concentración. Mi abuelo actuó con rapidez y eso le hizo sentirse orgulloso el resto de su vida. Las dos fugas en la antigua Yugoslavia no estuvieron exentas de grandes emociones y peligros.

En Italia, país que tan bien acogió a la familia Weiss, vivieron una temporada con una familia cristiana y después fueron transportados de un campo de internamiento o de concentración a otro, casi siempre durante la noche. Era un acuerdo al que Mussolini había llegado con Hitler. Capturaron, sin avisar, a todos los judíos de las casas en las que se alojaban y los transportaron a campos de los que no podían salir. Se dice que no hubo un exterminio masivo en estos lugares, mito que ha sido discutido. En el caso de mi madre y mis abuelos, solo estuvieron recluidos en varios campos, sin riesgo de muerte.

Después de siete días en vagones de ganado de camino al campo de concentración de Ferramonti, Mirta presentó graves problemas de salud. La salvó un médico judío a quien la familia conoció nada más llegar, aunque sufrió secuelas en la vista de por vida. El nombre que pusieron a mi hermano que solo vivió tres días, Rodolfo, fue un homenaje a ese médico, también yugoslavo, del campo de internamiento.

Más adelante, Mirta se separará de sus padres, que la dejarán con sus abuelos durante dos años y se mudarán a Milán para ganarse la vida. En la metrópoli, mi abuelo trabajó vendiendo piezas a los relojeros y, más tarde, en el cambio de divisas. Giuseppe hacía las negociaciones y Mici se encargaba de llevar el dinero a los compradores. Al final de su estancia en Italia, comenzó a trabajar con grabados de pintores, un germen de lo que sería Cromocart en Brasil. Mientras tanto, viviendo con sus abuelos, Mirta vio cómo sus vecinos recurrían a cualquier tipo de actividad para sobrevivir. Recuerda a conocidas que se prostituían, atraídas por un contingente de soldados dispersos por las fronteras. Sus maridos lo consentían, en vista del dinero, y a veces incluso se encargaban de buscarles trabajo a sus esposas. El hecho de vivir con sus abuelos no impedía que mi madre tuviera contacto con las complejas relaciones que la guerra propiciaba. Cuando el conflicto terminase, y sin que ella lo supiera, sus padres pensaban emigrar a Israel, igual que André. No obtuvieron el visado porque el país, en plena Guerra de la Liberación, no aceptaba fácilmente a parejas con hijos. Según Mirta, los hombres que llegaban allí recibían armas y se iban directos a la guerra. Brasil, también para mis abuelos maternos, fue una casualidad.

Así que esa mañana empecé a escribir un libro que dejaba a un lado toda la parte no heroica de la historia de mis padres. *Minha vida de goleiro* partía de mi rutina de hijo único y utilizaba excusas para retroceder en el tiempo y contar lo que había oído decir a mi madre durante las horas que pasamos juntos en el comedor de la calle Itambé mientras ella cosía faldas, en nuestros desplazamientos al centro para entregar sus mercancías o a lo largo de su prolongada convalecencia.

Sin embargo, una parte esencial del texto se basaba en lo que oímos contar a mi padre la noche del documental sobre el gueto de Varsovia. Lili ya era mi novia, compartió ese sabbat con nosotros y fue testigo de la emoción de André al referir su historia por primera vez.

En la sala de la televisión del piso de la alameda Ministro Rocha Azevedo, André explicó que, cuando saltó del tren que lo llevaba a Bergen-Belsen, corrió como un poseso y se refugió en una montaña de heno, dentro de una granja, no muy lejos de las vías. Los nazis salieron en su busca. Usaron hoces enormes para pinchar el lugar en el que se había escondido. Mi padre sintió la punta de los hierros rozar su cabeza y contuvo la respiración. Cuando los guardias se fueron, sujetó al dueño de la granja por la espalda y le oprimió la garganta con el brazo. Le dijo que tenía una moneda, exigió ropa nueva, y le aseguró que le pagaría con el único bien que poseía.

Se dirigió a Budapest a pie, vistiendo el atuendo poco sospechoso del granjero. Cerca de la estación de tren, pasó por una redada de la que le salvó una hermosa mujer a la que de repente abrazó y besó. El clima de guerra favorecía tales actos. Además, André se arriesgó consciente de ser un hombre apuesto, intentando por todos los medios que no le atrapara la patrulla de los hombres de Eichmann, sin documentos que demostraran que no era judío. Los soldados se divirtieron durante un rato con el beso de la pareja y luego se marcharon.

De nuevo en su ciudad natal, mi padre comenzó a distribuir pasaportes falsos hechos por una de sus hermanas. Llegó a ser detenido y torturado. Le arrancaron las uñas. En la cárcel, lo dejaron desnudo y lo golpearon continuamente. Después de cada paliza, tenía que ponerse de pie, cara a la pared.

Si flaqueaba y dejaba que su nariz o su frente rozaran los ladrillos, lo volvían a golpear. Asesinaron en sus narices de un disparo en la cabeza a un compañero partisano que trabajaba con él. El carcelero soltó a mi padre justo antes de que los aliados liberaran Budapest. Debió de cautivar al enemigo con su facilidad de palabra o con sus ojos bondadosos. Hasta el final de su vida, se dirigía a las personas como «colegas». En la sauna de la Hebraica, en el Club Húngaro o en el restaurante de autoservicio que le gustaba frecuentar. Tal vez se dirigía a su carcelero utilizando una expresión equivalente en húngaro, ¿quién sabe? Siempre imaginé que el buen policía lo liberó con una frase semejante a la que dijo Láios: «Huye, hijo mío, huye».

Muchos años después de la muerte de mi padre, cuando intentaba escribir esa novela sobre él, la *Folha de São Paulo* publicó un artículo sobre los supervivientes de la Segunda Guerra Mundial que vivían en Brasil y que el diplomático Raoul Wallenberg había salvado en Hungría en 1944; una especie de Schindler sueco, que se enfrentó a Eichmann en Budapest. Ese año, cuando los alemanes prácticamente habían perdido la guerra, el oficial nazi tenía como objetivo final matar a un millón de judíos húngaros. Mientras tanto, Wallenberg, un millonario que por casualidad había acabado en la embajada de su país en Budapest, repartía salvoconductos o pasaportes a los judíos suecos para que salieran de Hungría.

Después de cierto tiempo, el enfrentamiento se intensificó, y el sueco comenzó a entregar indiscriminadamente pases a los judíos húngaros para que pudieran escapar de la tardía deportación a los campos de exterminio. Según testimonios, tras el empeoramiento de la situación, se vio a Wallenberg junto a las filas de judíos que iniciaban las largas «marchas de la muerte» hacia los campos. Intentaba liberar al mayor número posible de personas de su destino fatal. Muchos judíos murieron de hambre, cansancio y frío, caminando, antes siquiera de llegar al transporte que los conduciría a Auschwitz, Birkenau, Bergen-Belsen…

Con motivo del artículo de la *Folha*, mi madre me preguntó si sabía que mi padre había conocido a Wallenberg. André le había mencionado al sueco, sin entrar en detalles. Sorprendida, le pregunté a Mirta si creía que había trabajado con el diplomático. No pudo asegurarlo, pero creía que sí. Empecé a imaginar que André podría haber colaborado con Wallenberg o, por el contrario, que mi padre tal vez hubiera conspirado contra él.

Al principio de su estancia en Budapest, el diplomático tuvo que enfrentarse al grupo clandestino de resistencia de los judíos, compuesto en su mayoría por jóvenes que se atrevían a rebelarse contra los nazis. Los partisanos falsificaban los visados que al principio, por su acuerdo con Eichmann, el sueco distribuía solo entre sus paisanos. Imprimían salvoconductos falsos y los distribuían por la ciudad. No admitían que la lucha por la liberación de los judíos de Budapest se limitara a los compatriotas de Wallenberg. El diplomático y los partisanos estuvieron de este modo en trincheras diferentes durante un tiempo.

Solo con la escalada de las acciones sanguinarias de los nazis, Wallenberg cambió de postura y pasó a salvar judíos sin importar su nacionalidad y a actuar al lado de la resistencia judía. Aquella frase aislada de mi madre me llevó a leer libros sobre la historia del diplomático y a fantasear con mi padre participando en ella. En la novela continué lo que había empezado en *Minha vida de goleiro*. Representé a mi padre falsificando los visados de Wallenberg, y a un amigo suyo, trabajando con el diplomático, izando banderas suecas en los refugios de Budapest. Esas banderas, según el acuerdo inicial de Wallenberg con Eichmann, debían proteger a los judíos suecos de los ataques nazis.

En una ocasión, mientras buscaba relatos de supervivientes que hubieran vivido en Budapest en 1944, di con las memorias de una profesora húngara que residía en Estados Unidos. En el libro, publicado de forma independiente, relata cómo, siendo una niña muy pequeña en ese fatídico año, fue separada de sus padres. Llevada de refugio en refugio, no sabía dónde estaban sus familiares y temía a cada momento por su futuro. No sabía si volvería a ver a sus padres, y de hecho nunca los volvió a ver. Un día, un oficial nazi entró en el piso donde se refugiaba, ocupado clandestinamente por judíos, en una habitación compartida con familias que apenas conocía. La profesora pensó entonces que había llegado su hora. Con alivio, cuenta que el hombre vestido de nazi era un partisano judío que repartía visados o pasaportes falsos a todos los que encontraba. La salvó aquel ángel que, imaginé yo, podría haber sido mi padre. Ese sabbat, nos contó que había utilizado el uniforme de la Orden de la Cruz Flechada para distribuir documentos falsos. Tales dudas sobre el pasado de André me han acompañado a lo largo de toda la vida, hasta el punto de emocionarme con el libro estadounidense y estremecerme como si estuviera leyendo la historia de mi padre. Las explicaciones que dio ese viernes fueron insuficientes.

En *Minha vida de goleiro* cuento cómo, de niño, sin saber casi nada acerca de mi padre, solía imaginármelo en el papel de Bat Masterson, el elegante héroe de televisión de las películas del lejano Oeste, o en la piel de los personajes de las óperas a las que le gustaba asistir. También me imaginaba a mi padre como National Kid, el héroe volador. Aunque André no era oriental como el justiciero de la televisión, sobre los dos se cernían dudas: nadie conocía la identidad de National Kid, ni el pasado de mi padre.

Me imagino a mis padres como héroes, de la televisión, del escenario y de la vida real. Esa fue una parte de sus vidas. Ya era lo bastante mayor para contar solo la parte heroica de la historia, pero así fue.

Escribí el texto en seis meses, diciendo que era solo para la familia, pero lo cierto es que tenía muchas ganas de publicarlo. No conté nada a mis padres hasta que el libro estuvo listo. Envié a cada uno de ellos un ejemplar con una dedicatoria llena de emoción. Mi madre me llamó al cabo de una hora, agradecida y muy conmovida. Mi padre guardó silencio durante dos días. Fueron horas de tortura para mí. Creí haber roto un trato con André. Recordé que él solo había hablado de su historia aquel sabbat, y que después se había negado a contarla a la Fundación Shoah, que guarda un enorme archivo de las historias de los supervivientes de la Segunda Guerra Mundial. Me sentí culpable y apenas pude salir de casa.

Cuando mi padre me llamó, su voz le fallaba más que nunca. Tartamudeando y apenas consciente de la aprensión que me había causado, dijo que el libro había sido lo mejor que le había pasado en la vida, que no había podido llamarme debido a la fuerte emoción que había sentido. Me pidió que encargara una traducción al inglés para poder enviar *Minha vida de goleiro* a sus dos hermanas, que vivían una en Australia y la otra en Israel.

En nuestro primer encuentro tras la llamada telefónica, André me contó una historia que nunca había explicado a nadie. Dijo que al regresar a su casa, y sin saber a qué campo habían enviado a su padre, recurrió a un vecino cuyo hijo era miembro de la Orden de la Cruz Flechada. Su familia lo acompañó hasta la casa donde vivía el nazi para pedirle ayuda y localizar a Láios. El joven intentó ayudar a mi familia, y creo que fue él quien informó del paradero de mi abuelo en Bergen-Belsen, aunque no consiguió liberar a Láios del campo de concentración. Terminada la guerra, el simpatizante nazi fue encarcelado por los rusos, que tomaron Budapest. Su familia recurrió entonces a mi padre, pidiéndole que testificara a favor de su hijo, que de hecho había intentado ayudar a una familia judía. André se emocionó y se justificó ante mí mientras narraba este pasaje, como si yo hubiera estado presente en Budapest cuando todo aquello ocurrió. Dijo que no podía ser deshonesto y faltar a la verdad. «Tuve que defender a un nazi, porque trató francamente de ayudarnos». Al testificar, mi padre fue detenido por colaboración con los nazis en el mismo lugar donde los alemanes lo habían arrestado. Su hermana mayor logró liberarlo, literalmente a gritos, contando todo lo que mi padre había pasado en aquella prisión.

Me sentí muy aliviado por la reacción positiva de mi padre, pero solo con el tiempo comprendí que mi propósito al escribir el libro había sido mucho mayor. Además de contar la historia idealizada de mi infancia y de la vida de mis padres, lo que quería era hacer realidad mi objetivo inalcanzado e inalcanzable: llevar alegría a su matrimonio. Solía decir que deseaba que Júlia y Pedro los vieran como yo los veía de niño, pero en realidad nunca lo conseguí. Lo cierto es que el libro iba destinado a Mirta y André. Las personas a las que quería convencer del heroísmo de esas historias, o de esos personajes casi ficticios, eran ellos mismos; algo que solo entendí tiempo después. También comprendí que la labor de alegrar su matrimonio era imposible. Conclusión que llegó con cuarenta años de retraso. Cuando ese objetivo había ocupado mi vida.

Una semana después de la llamada telefónica, fui a comer con André, que se presentó con muy mal aspecto. Sin decir nada, me puso una carta delante. Era de un abogado que decía representar a mi madre. Volvía a hablar de la separación. Mi padre, que tal vez hubiera depositado las mismas esperanzas que yo en el libro, contrapuso mi texto a la carta y a su situación conyugal. Dijo explícitamente que mi libro no había servido de nada, y volvió a pedirme una ayuda imposible. Me compadecí de él, aunque comprendiese a mi madre. La vida de ambos era insoportable. Aun así, me quedé sin aire y, por primera vez, intuí lo que buscaba con *Minha vida de goleiro*. La misión de ayudar o salvar a mis padres siempre había sido un disparate, pero no me había liberado por completo de ella.

Solo comprendí realmente el alcance de mi pretensión a la hora de escribir ese libro años después, gracias a las sesiones de psicoanálisis con Maria Elena Salles. La carta que recibió André fue la prueba material de que aquella ilusión infantil, cultivada durante tanto tiempo, no tenía ningún sentido. Y, por increíble que parezca, no me había dado cuenta hasta entonces. No puedo culpar a nadie más que a mí mismo de ello. No asumimos estos roles a propósito. Sin duda, había en mi personalidad desde niño un lado pretencioso que me llevó a pensar que sería capaz de asumir funciones tan descabelladas. Por mucho que mi padre requiriera más y más esa clase de ayuda, y de que mi madre expresara siempre una gran dependencia de mí, fue en mi cabeza donde todo se engendró y creció.

En la época de la publicación del libro, y tras haber alcanzado el éxito profesional, tenía certezas bastante sólidas, con las que inundaba el trabajo y la vida familiar. Por otros motivos, esas mismas certezas tenían inconsistencias. Nadie podría mantenerse psicológicamente sano con semejante seguridad. Además, contaba con cierta autocrítica, y en casa vivía con personas con mucha personalidad.

Siempre me juzgué a mí mismo y, poco antes de escribir el libro, o mientras lo escribía, empecé a cuestionar mi arrogancia. Lili llevaba tiempo intentando mostrarme cómo actuaba, y Júlia, cuando fue mayor, empezó a enfrentarse a mí. Nuestros temperamentos eran bastante similares y, en su adolescencia, las raras confrontaciones entre nosotros cobraron fuerza. La hija no tenía miedo de enfrentarse al padre. En el momento me enfadaba e intentaba zanjar la discusión. Luego me daba cuenta de que muchas veces ella tenía razón. A través del choque generacional, llegué a entenderme mejor.

Por otro lado, Pedro estaba superando sus dificultades iniciales de aprendizaje; tenía un trastorno por déficit de atención que el colegio no detectó. Podría haber contado con ayuda profesional adecuada y sufrido mucho menos si hubiera tenido un diagnóstico pedagógico correcto. Antes de que esto ocurriera, las inseguridades superadas por mi hijo relativizaban mis certezas. Pedro luchaba por encajar en el proceso de aprendizaje escolar convencional y revelaba ser más fuerte que yo, con todas las dudas que injustamente se cernían sobre él.

En cualquier caso, dejar a un lado mi arrogancia no fue tarea fácil. Este proceso, sumado a la ilusión que deposité en mi primer libro, hizo que se cernieran los nubarrones sobre mi vida y que empezara a formarse una severa depresión.

Experimentábamos cierto distanciamiento en el matrimonio. Si bien normales, son períodos difíciles que se dan en las uniones duraderas y satisfactorias. Nuestra relación nunca estuvo en cuestión, pero mi estado psíquico no me ayudaba a entender las cosas de esa manera. Yo no apoyaba plenamente el éxito académico de Lili. Frágil por otros motivos, me resultaba difícil aceptar que había un área de su vida de la que yo no formaba parte. Poco a poco, me fui debilitando cada vez más y reclamando una atención total y exclusiva. El momento no podía ser más desafortunado. Invitaron a Lili a un congreso en Portugal. Me preguntó varias veces si prefería que se quedara, y yo, con mi orgullo y mi silencio, insistí en que fuera. Debería haberle pedido simplemente, con humildad, que se quedara. Le habría causado cierta decepción, pero habría sido lo correcto.

No tardé en ponerme mucho peor y Lili tuvo que volver. Creo que no se lo pedí, aun siendo mi estado muy desequilibrado, pero ella lo advirtió y vino. Fui a recogerla al aeropuerto con flores en la mano y una horrible expresión en la cara. Me sentía agradecido y avergonzado. Unos días más tarde nos fuimos a nuestra casa de campo, donde solo habíamos edificado una vivienda provisional. La casa principal estaba en construcción. Yo había insistido en comenzar las obras. Lili trabajaba duro en ese momento en una nueva investigación y quiso que esperáramos a un momento más tranquilo de su vida profesional. Pero yo necesitaba construir esa casa y llenar el vacío que lentamente invadía mi cabeza.

Recuerdo que nos sentamos en la estructura superior de lo que se convertiría en la casa de adobe, que entonces no era más que estacas y vigas clavadas en el escarpado terreno, una casa sin paredes, para ocuparla con la imaginación. No importaba que yo hubiera participado en la elaboración de la planta y en toda la investigación y concepción de la vivienda. Estaba nervioso y no alcanzaba a ver nada que se pareciera mínimamente al lugar que se convertiría en el más importante de mi vida. Será allí, en la frontera entre São Paulo y Minas Gerais, donde a menudo me sumergiré en los ríos helados, cuyos nacimientos quedan un poco más arriba de la casa de campo. En el estado en que me encontraba, miraba los cimientos de la futura casa y veía ruinas. La depresión se había apoderado de mí.

Poco antes, había recurrido a una psiquiatra por primera vez. Vivía con pensamientos obsesivos y en la más completa inseguridad personal. Me recetó un fuerte antidepresivo y me recomendó que habláramos a diario. En ese diagnóstico se cometió un grave error. Me medicaron como si tuviera una simple depresión y no como alguien con trastorno bipolar. En el curso del tratamiento no mejoré, al contrario, los síntomas empeoraron. Más adelante me recetaron también un antipsicótico, que me hizo un daño inmenso. Tomar aquel medicamento fue una de las peores cosas que me han pasado en la vida. Y no estaba delirando. Tenía pensamientos repetidos e incesantes, magnificaba la realidad y lo veía todo de forma negativa. El uso del potente antipsicótico no estaba justificado. Empecé a perder el control. Todo era inestable y cambiaba en minutos. Ya no tenía ninguna certeza ni confianza en mí mismo.

Un sábado por la noche fuimos al cine, y la elección de la película fue desafortunada. Mucho antes de que terminara la sesión de *El club de la lucha*, me sentí muy mal y abandoné la sala. Lili se quedó viendo la película un poco más mientras yo esperaba fuera. Mi cabeza parecía una máquina trituradora. Me había invadido la violencia de la pantalla y era como si me asestaran a mí los puñetazos de las peleas. Sentado en el vestíbulo del cine me controlé para no gritar. Debería haber vuelto a la sala de proyección y explicado la situación a Lili, pero me quedé quieto y en silencio, pensando que ella tenía que adivinar lo que se estaba desatando en mi cabeza. Sufría un episodio maníaco y no podía distinguir lo que me ocurría del mundo exterior, como si yo estuviese en el centro de todas las acciones.

Al día siguiente hubo un acto de Companhia das Letrinhas con la presencia de varios autores. El programa incluía una charla con niños sobre *Minha vida de goleiro*. Me desperté sintiéndome mal, pero seguí adelante con lo planeado. Creí que me vendría bien el evento, pero cuando empecé a hablar sobre mi infancia, me puse a llorar y casi no alcancé a terminar mi charla. Por la tarde, en casa, mi estado se agravó. Torturé a Lili con interminables conversaciones, mi mente daba vueltas hacia el precipicio. Ella hizo todo lo posible por ayudarme, me escribió una carta llena de amor, pero no le hice caso. En ese momento yo ya estaba lejos de allí. Perdí totalmente el control. Entré en el baño, cerré la puerta, rompí la mampara de ducha y me corté. Las heridas fueron superficiales. Solo pretendía llamar la atención y no acabar con mi vida. Mi estado de confusión y tristeza era absoluto.

Lili se puso en contacto con mi psiquiatra, que le pidió que me llevara a una clínica de recuperación. Junto con una amiga suya y Júlia, nos fuimos los cuatro a un lugar remoto, al que más tarde también acudió la médica. Creo que, además de lesionarme, me tomé unos cinco o seis tranquilizantes y estaba completamente aturdido, no solo por eso, sino por el estado de conmoción que no había dejado de aumentar desde la sesión de la película *El club de la lucha* y que había explotado en ese momento.

El antidepresivo había agravado mucho mi estado. Había servido para subirme la moral, como si estuviera decaído, en depresión. Y así hizo que las obsesiones fueran más insoportables, provocando finalmente un severo pico de episodio maníaco.

La clínica a la que me llevaron era correcta, aunque tengo pocos recuerdos de ella. Solo sé que estuve unas horas en una habitación diminuta y bajo supervisión. Lili tuvo que ir a recoger a Pedro a casa de un amigo y llamó a mis padres. Fue difícil recibirlos y experimentar aquella inversión de papeles. Los tranquilizantes fueron perdiendo su efecto con el paso del tiempo y fui dándome cuenta de lo ocurrido. Me invadió la vergüenza más absoluta. No recuerdo haberme disculpado en un primer momento por el descontrol que me dominaba. Pero al prolongarse la depresión, oscilaba entre un estado y otro, y, cada vez que entraba en razón, pedía disculpas sin parar y lloraba.

Fue especialmente duro ver a mi padre entrar en la pequeña habitación. Mi madre siempre fue más fuerte, por mucho que me pusiera en el centro de su vida. Había sufrido las pérdidas de sus hijos y, sobre todo, siempre contó con el apoyo de un padre muy presente, con el que mantuvo una excelente relación. Deda ya no estaba vivo en esa época, pero su influencia es importante para mi madre hasta el día de hoy.

Como es natural, André y Mirta estaban muy preocupados y asustados, pero intentaron controlarse. Recuerdo más la expresión perdida de mi padre, hablando con la mirada, por no saber expresarse bien con las palabras. Mirta estaba más entera o aparentaba estarlo. Unas horas más tarde, Lili regresó y me dieron el alta para volver a casa, aunque con la supervisión a tiempo completo de un enfermero, que esa noche durmió en un sillón de mi habitación. En mi recuerdo, la compañía obligada de ese enfermero duró un mes o más. Pero parece que en realidad fue cuestión de días o de una semana. Ese tiempo me pareció mucho más largo.

Lo cierto es que pasé una buena temporada sin salir de la habitación ni trabajar. Cuando me costaba dormir, o en momentos de desesperación, comencé a golpear violentamente la cama con las piernas, como hacía mi padre.

12

EFECTOS SECUNDARIOS

El tratamiento continuó en casa, aunque sin resultados muy positivos. Al menos estaba bajo control, lejos de actitudes intempestivas, sobre todo por las altas dosis de ansiolítico que tomaba. Creo que después de aquello la psiquiatra empezó a tratarme como bipolar. No estoy seguro de si fue ella la que decidió el cambio o si fue un nuevo médico, al que acudí unos dos meses después de la explosión. El hecho es que recuerdo haberme convertido por completo en rehén de la medicación. Este psiquiatra, que había tratado a una amiga, me cambió todo el tratamiento. Tenía mucha fama y ningún carisma o sensibilidad. Creaba metáforas desastrosas, comparaba la depresión con una percha, donde podía acomodar cualquier mal pensamiento. No sé si era por un exceso de rigor literario por mi parte, pero ese simplón recurso simbólico no ayudaba en la terapia. Para mí, la depresión era mucho más que una percha donde colgar los malos pensamientos.

Las expectativas del deprimido se renuevan en cada consulta, o en cada cambio de médico, pero aparte de esos momentos el tratamiento de una crisis depresiva significativa es muy lento y penoso. El paciente está perdido, no solo cuando adopta una actitud radical o en los períodos más agudos de falta de control. La turbulencia es tan intensa que la vida parece pender siempre de un hilo. La medicación se ensaña con el organismo y la acentuada inestabilidad convierte en vana la esperanza de una rápida sanación. Y así, al principio del tratamiento, el foso no hace más que aumentar.

El sufrimiento es tal que no solo el paciente tiene que aferrarse a lo que dicen los médicos: la familia siente que está viviendo la manida metáfora del túnel, tratando de encontrar alguna luz, que en realidad no existe. La vida de todos cambia. De repente, el enfermo requiere atención exclusiva, roba los espacios individuales y transforma a la familia en un bloque bajo el mando de la enfermedad. Es una especie de totalitarismo de la depresión. La dedicación de Lili, Júlia y Pedro fue conmovedora. Me daban todo lo que podían. Algunos días llorábamos juntos, pero la mayor parte del tiempo ellas y él se mantuvieron fuertes, aun viéndome en aquel estado inconsolable. Si en el pasado me había resultado doloroso convivir con unos padres que necesitaban mi ayuda, no fue fácil para ellos afrontar el cambio repentino de tener un padre prácticamente autosuficiente a tener uno devastado. En la fase aguda mis arrebatos de culpa se mezclaban con los pensamientos depresivos, provocando prolongadas crisis de llanto, en un círculo vicioso que exigía una paciencia infinita por parte de mi mujer y mis hijos.

Después de la explosión, cuando la persona deprimida pasa todo el día en casa, su cabeza empieza a oscilar entre una fuerza incontrolable que quiere exigir total atención, que juzga cualquier acto de los familiares como prueba de amor o indiferencia, y momentos de autocrítica y absoluta vergüenza, que le llevan a dar explicaciones sin cesar. Debido a la gran labilidad emocional que provoca el trastorno bipolar, el llanto surgía de la nada y se prolongaba en círculos. Al final ni siquiera recordaba el motivo inicial de las lágrimas.

Veía el efecto de mi enfermedad en Lili y en mis hijos, advertía que necesitaban escapar u olvidarse de todo ese drama, al menos de vez en cuando. Pero a veces yo malinterpretaba su necesidad de tomar aire. En este sentido, Lili fue la más afectada. No soportaba que fuera a un café a charlar con una amiga, ni que la acompañara un alumno y se quedara hablando con él en la puerta de nuestra casa.

Los primeros meses son crueles, la ansiedad no hace más que crecer. No se trata de una percha, sino de una invasión. Tratar la depresión requiere mucho tiempo, pero el paciente tiene prisa. El tiempo parece acortarse en nuestro interior con cada delirio o recaída, la sensación es la de que no vamos a poder esperar. Después de curarme, comprendí que tanto mis hijos como Lili tenían que vivir su propia vida. No bastaba con ayudarme, necesitaban también poder olvidar a su padre y marido enfermo.

Poco antes de la crisis, busqué a mi antigua psicoanalista, con la que había hecho análisis freudiano durante tres años en la década de los ochenta. En las sesiones con Maria Elena Salles —que empecé cuando trabajaba en la editorial Brasiliense— comenzó a tomar forma Companhia das Letras. Con la ayuda del psicoanálisis, me di cuenta en el diván de que tenía que crear mi propia editorial. Tras la fundación de la empresa y después de mi éxito prematuro, empecé a saltarme sesiones. No podía ir a las tres reuniones semanales que requiere un trabajo psicoanalítico profundo. Faltaba invariablemente a alguna. De hecho, tenía muchos más compromisos de los que había previsto, pero también me sentía embriagado por el impacto inicial que había causado Companhia das Letras. Imprudente, abandoné el análisis. Tiempo después, me encontré con María Elena en un vuelo de puente aéreo y me preguntó si pensaba volver. Dije que no, con delicadeza pero con firmeza.

Acudí a ella cuando sufrí la crisis depresiva, pero Maria Elena Salles pensó que lo mejor sería que empezara de nuevo con otro profesional. Después de ese vuelo habíamos recuperado cierto grado de amistad. Me sugirió tres nombres, fui a las entrevistas, pero no me gustó ninguno. La comparación con el trabajo que había desarrollado con ella desfavorecía cualquier posible nuevo analista. Cuando ocurrió la tragedia, volví a recurrir a ella y el análisis comenzó de nuevo. Lili me llevaba a la consulta y tenía que esperarme en cada una de las cuatro sesiones semanales. Después de un tiempo, empecé a ir solo.

El análisis fue una de las experiencias más importantes de mi vida, y en esta segunda etapa duró poco más de diez años. Incluso con la medicación adecuada –lo que de hecho solo ocurrió más de un año después de mi pérdida total de control–, sin el análisis no habría superado la crisis por completo. La parte que resta hasta hoy, y que aparece una y otra vez, o que no me permite dejar la medicación, es básicamente química. No sé cómo estaría si no hubiera pasado por ese proceso de autoconocimiento durante el cual muchas veces me asomaba al fondo del abismo y otras vislumbraba la redención con mecanismos que encontraba en mi interior. Es lo que uno siente al tomarse en serio el tratamiento analítico, tras experimentar un proceso tan destructivo. Sin el psicoanálisis, no tendría herramientas personales para lidiar con los remanentes químicos de la depresión.

Lo peor del tratamiento médico eran los constantes cambios de medicación, los intentos frustrados, la falta de control de la mente y el cuerpo, bajo los efectos secundarios derivados de semejante invasión química. En los rarísimos momentos de buen humor, aseguraba que aprovecharía la experiencia y escribiría una novela titulada *Efectos secundarios*. De hecho, tenía todo tipo de reacciones. Dolor de cabeza, somnolencia o falta absoluta de sueño, transpiración, temblores en piernas y manos, y también influyó en mi vida sexual. Milagrosamente, no perdí la libido por completo, al contrario, me apoyaba un poco en este campo para intentar obtener cierto placer o afirmación del ego. Pero los fármacos dificultaban en extremo el funcionamiento normal del cuerpo. Es un mecanismo perverso, producido por la medicación que debe salvar de la depresión. En mi caso, tenía libido, pero con buena parte de los antidepresivos que tomé nunca llegaba a alcanzar el orgasmo. Peor que eso, con un estabilizador de ánimo TUVE OTRO TIPO DE ANORGASMIA, EMPECÉ A EYACULAR SIN sentir placer, o sin sentir nada. De hecho, ni siquiera notaba la eyaculación, eyacular era menos perceptible que orinar. Fue una de las experiencias más traumáticas de ese período. Sentirme incapaz de percibir siquiera el placer físico, como si mi cuerpo no pudiera proporcionarme nada más que tristeza absoluta.

El deporte y el sol son herramientas terapéuticas fundamentales, pero en los primeros momentos no se tienen ganas de salir de casa y menos de hacer ejercicio. Permanecía entre cuatro paredes, muchas veces en la cama, dando golpecitos con los pies. Solo encontraba alivio en el afecto familiar y en la compañía de los perros.

Antes de que comenzara la profunda crisis personal, tuve un problema médico derivado de una operación de hernia inguinal que sin duda contribuyó a mi estado psicológico. La depresión magnifica cualquier dolor, y el dolor constante aumenta la depresión. El cirujano apretó demasiado la malla que hay que colocar en el abdomen durante la operación, y empecé a sentir un dolor incesante en los testículos, durante uno o dos meses.

Fui a varios urólogos que, por corporativismo, dijeron que tenía una inflamación en una zona cercana a los testículos, insistían en que adolecía de epididimitis. Nunca culparon al colega por un error elemental en la operación.

La consulta del doctor Drauzio Varella estaba cerca de la editorial, y él, conociendo mis dolores, venía a verme, cerraba la puerta de mi despacho y me ponía inyecciones antiinflamatorias, que ayudaban un poco pero tenían un efecto temporal. El enigmático dolor solo llegó a recibir un diagnóstico correcto cuando Drauzio me envió al doctor Dario Birolini, maestro de todos los cirujanos de São Paulo. El doctor Dario dijo que la sangre no circulaba correctamente en la región donde me habían operado, pero que volvería a hacerlo con el tiempo. Aseguró que el cirujano, su alumno, había hecho los deberes «demasiado bien», y había apretado la malla excesivamente. Esos dolores incesantes, en un lugar sensible, me afectaron sin duda. Conviví unos dos meses con ellos, justo antes de la peor fase de la depresión. Contribuyeron en gran medida a mi pérdida de estabilidad.

Más adelante, curado de los deberes del cirujano realizados con excesivo celo, pero muy deprimido, anhelaba volver a llevar una vida normal, y disfrutar de los momentos en que me quedaba un poco de energía. Sin embargo, los antidepresivos y los estabilizadores del estado de ánimo no me lo permitían.

Poco a poco empecé a salir de la habitación y a pasear por la casa. Mi psiquiatra dijo que podía estar solo, ya que Lili tenía que ir a trabajar. Yo no tenía otro remedio que entender que Lili debía continuar con su vida, y no estar siempre a mi lado. Pasaba horas y horas sentado en el jardín o en la zona del lavadero. Bartolomeu, uno de mis perros, o uno de los seres más importantes de mi vida, me lamía la cara mientras yo aguardaba desconsolado en su compañía.

Más tarde, los estabilizadores del estado de ánimo que me recetó el nuevo médico –que funcionan para los pacientes bipolares como contrapunto a los antidepresivos– me provocaron un gran letargo y un proceso de despersonalización. No sentía nada, no me reconocía, a causa de la turbulencia de la depresión pero también por la absoluta impersonalidad que provocaban esos medicamentos. Si bien los momentos del episodio maníaco disminuyeron, por otro lado, me sentía como un vegetal. El llanto incontenible disminuyó con esos fármacos, el descontrol era menor. A cambio, la tristeza no tenía por dónde salir.

Las reacciones a los medicamentos dependen de cada persona. Lo que funciona para unos es nocivo para otros. No pude tomar Depakote o Depakene durante mucho tiempo, ya que eran los culpables de ese letargo. Empezamos a probar otros estabilizadores. Aunque con el tiempo haya superado ese efecto inicial más acentuado, durante muchos años sentí que los antidepresivos bloqueaban algunos sentimientos, o mejor dicho, provocaban la extravasación de esos sentimientos. Lloro con facilidad en momentos de tristeza o cuando me emociono, pero con estos medicamentos me resultó prácticamente imposible llorar durante años. Tenía ganas de llorar, pero mi cuerpo, dirigido por la química que ingería a diario, no lo permitía. Uno de los momentos más difíciles fue cuando, hace dos años, falleció uno de mis perros, Margot. Lili y yo estábamos en Nueva York. Intenté hacer todo lo posible por volver, pero no dio tiempo. El dolor fue inmenso, pero no se convirtió en lágrimas. Es mucho más fácil superar la tristeza cuando la vemos correr por nuestra cara, cuando nos oprime la garganta, e impide nuestra respiración.

Dos días después del sombrío domingo en que me hice cortes en los brazos, empecé a escribir un libro, a mano, en pleno episodio maníaco. Se trataba de una novela sobre un pianista que decidía abandonar su carrera tras asistir al último concierto de Dinu Lipatti en Besançon. El gran pianista rumano, afectado por un cáncer en estado avanzado, decidió dar ese último concierto pero no consiguió terminar el programa: solo le faltó interpretar el *Vals op. 34, n.º 1* de Chopin, pieza prevista para el cierre. Lipatti es un personaje real, y creo que el concierto en Besançon ocurrió más o menos así. En mi imaginación, la esposa de Lipatti lo aguarda en los pasillos para observar si es capaz de aguantar hasta el final. Mi personaje pianista idealiza la música y la considera por encima de las limitaciones del cuerpo y del alma humanos. Cuando ve flaquear a su ídolo, se rinde a la fragilidad de nuestra existencia y abandona su carrera. Le cuenta su vida a un niño que, por primera vez, va al colegio solo, y se baja en la parada de autobús equivocada y llega tarde a la hora del timbre. El chico se sienta en el bordillo a esperar a que termine la clase y a pensar en la excusa que dará a su padre. Ha fracasado en su primer acto como ser independiente, o adulto. Se encuentra con ese hombre de piernas largas que le pide permiso para sentarse a su lado en el bordillo.

La novela resultó ser malísima, y esta vez ni siquiera tuve que mostrársela a los editores para saberlo. Pero sirvió para que avanzara en la cura de la depresión, sobre todo cuando vi la reacción de Lili al leerla. La escena del niño que se baja en la parada de autobús equivocada la acabé utilizando en un cuento muchos años después. Todo el libro terminó reducido a unas líneas de otra historia. Recuerdo que empecé a escribirlo cuando todavía me vigilaba el enfermero. Ni siquiera el hecho de tenerlo pegado al cogote inhibió mis furiosas ganas de escribir. Definitivamente, en aquellos días la crisis maníaca estaba descontrolada.

Susan Sontag, melómana obsesiva como yo, en su segunda visita a Brasil me preguntó durante un almuerzo si había escuchado el disco del pianista Dinu Lipatti, grabado en directo en su último recital. Sonreí y dije: «Sí, lo conozco, y no te puedes imaginar lo familiar que ese disco es para mí». Ya habían pasado dos años y medio desde el comienzo de mi crisis depresiva y, por supuesto, no se me ocurrió mencionarle el texto del que ya había renegado.

Es curioso que estas novelas frustradas que forman parte de mi vida entren ahora en mis memorias. El hecho de haber escrito sobre un pianista decepcionado con el arte y sobre un chico que fracasa la primera vez que necesita valerse por sí mismo sirve para entender mi estado psicológico, o mi vida hasta entonces, pese a no ser buena literatura. Es como si todos estos textos, que fueron a parar a la papelera, hubieran sido escritos para acabar en este libro de memorias. Sirven para definirme por lo que no publiqué. Y para que hoy pueda ironizar sobre los pobres personajes que alguna vez creí haber creado.

13

EL EDITOR-PERSONAJE

Antes del fragmento de novela escrita a mano, ya había intentado escribir otra. Fue durante mi primer episodio de depresión, que ocurrió unos nueve años antes de la grave crisis de 1999.

En la Feria del Libro de Fráncfort de 1989, Companhia das Letras cosechó un gran éxito, lo que contribuyó a dar a conocer la editorial internacionalmente. El libro *Boca del infierno*, de Ana Miranda, fue el responsable. Tras su éxito de público y crítica en Brasil, preparé la novela para vender sus derechos de edición en el extranjero, en una época en la que casi no se publicaba literatura brasileña fuera del país. La estrategia funcionó mucho mejor de lo esperado. Se creó un revuelo que llevó a los mejores editores del mundo a hacer ofertas a ciegas durante la feria, esto es, sin haber leído el libro. Se inició una subasta involuntaria y buena parte del mercado editorial mundial centró su atención en uno de nuestros títulos. Un batallón de editores, que había oído hablar de la obra en los pasillos de la feria, se pasaba a buscarme por el estand colectivo de Brasil, donde había más helechos que libros. (Para profesionales como yo, debía bastar como mucho con un espacio para guardar el abrigo y tomar un café). Nunca paraba en el reducto de los helechos. Como no esperaba recibir a nadie, había programado reuniones en otros estands, para comprar derechos de novelas y ensayos de varios países. Al no encontrarme, esos *publishers* dejaban sus ofertas, basadas como mucho en la lectura de las opiniones de las editoriales alemanas que habían recibido el libro antes de la feria y tenido tiempo de leerlo.

Fráncfort funciona así, con libros cuya reputación crece como una bola de nieve en los pasillos de los numerosos pabellones de exposición. Un editor se lo comenta a otro, que pasa la información a un tercero, y así sucesivamente. El engranaje de la feria opera como una verdadera espiral de ilusiones, en la que se embarcan las mejores editoriales, sin leer.

Decidí rechazar las propuestas, diciendo que daría a todos la oportunidad de enviar el libro a sus lectores de portugués para que supieran lo que estaban comprando.

Después de la feria, me fui con Lili cuatro días a Venecia y Milán. En Venecia elegimos un hotel sencillo que esa misma semana acababa de comprar su primer fax, y del cual no pararon de salir mensajes que inundaron la pequeña recepción. Pocos editores habían tenido tiempo de recibir un informe de lectura, pero aun así enviaron ofertas por fax a la oficina de Companhia das Letras. Desde allí las transmitían al hotel. Era divertido volver de pasear por canales y palacios y tener que lidiar con ese montón de papel que a veces agotaba todas las bobinas del hotel. Seguí sin aceptar las *blind offers*, señalando que todos tendrían un plazo de dos semanas para leer el libro.

Un imprevisto nos hizo regresar a Brasil antes de tiempo. Mi abuelo empeoró mucho de una enfermedad pulmonar y tenía los días contados. Mientras viajábamos, Giuseppe acompañó nuestra temporada italiana con un mapa en el regazo. Unos días después de nuestra llegada, Giuseppe murió. Hasta entonces solo había perdido a mi abuela paterna, que vivió poco tiempo en Brasil cuando yo era demasiado pequeño para recordarla; a mi bisabuelo materno, al que solo recuerdo por fotos; y a mi bisabuela materna, a la que visitaba con frecuencia pero que padeció demencia durante años. Solía ir a verla los domingos al Hogar de Ancianos en Vila Mariana, la misma en la que hoy viven los dos últimos amigos de mi padre que quedan. Al final, no reconocía a nadie y pasaba el rato cantando canciones sefardíes en ladino. Su voz tenía la aguda desafinación de los ancianos. Era bonito escuchar ese canto imperfecto, con un estribillo incesante y en un idioma incomprensible pero parecido al nuestro. Veía muy mal y no atinaba con lo que oía, así que esas canciones que nadie entendía eran la única forma de comunicarse con el mundo, y con ella misma.

La muerte de mi abuelo fue la primera que dejó un gran vacío en mi interior. Pese al desdén con que trataba a mi padre en el trabajo, Giuseppe era un hombre muy cordial. Huía de manera diplomática de los enfrentamientos, encontrando la manera de hacer las cosas como quería, sin pelear. Y sentíamos adoración el uno por el otro. Yo me aprovechaba del hecho de que los diversos conflictos en la familia nunca eran lo bastante explícitos para llevarme bien con todo el mundo. Procuraba cumplir con las expectativas de todos. Para mi abuelo, siempre fui mayor. Él me respetaba de esa forma y yo trataba de corresponder, con seriedad, ese trato precoz. Cuando falleció, comprendí el significado de la muerte. En cuanto renuncié viajar a Milán para volver a tiempo, me entró el pánico de no encontrarlo ya con vida. Había hecho un trato con mi madre: ella me avisaría en caso de empeoramiento. Mirta, a petición de Giuseppe, solo me llamó cuando quedó claro que no iba a superar la inflamación del pulmón. Y al final me llamaron sin decírselo a mi abuelo, que tenía un mapa de Italia siempre a mano. Todavía lo vi consciente en el hospital, aunque solo por pocas horas o días. Cuando fundé Companhia das Letras, Giuseppe y André fueron mis socios, y me cedieron dos habitaciones en la parte trasera de la imprenta para la editorial. Deda venía a visitarme todos los días y, si había un autor conmigo, decía: «Antes él era mi nieto. Ahora yo soy el abuelo de Luiz».

Durante la semana en que los judíos recitan las oraciones después de la muerte de un familiar, siempre al anochecer, llegué a recibir llamadas de editores que habían descubierto mi paradero y querían presentarme sus ofertas por *Boca del infierno*.

Con cada una de mis negativas las *blind offers* subían, duplicaban o triplicaban su valor. Carol Brown Janeway, una buena amiga de la editorial Knopf, que no entró en la loca disputa entre colegas, se reía diciendo que yo lo había hecho adrede: para ella, las negativas eran una estrategia de marketing destinada a conseguir mayores anticipos. Yo jamás habría sido capaz de planificar algo así. De hecho, el episodio internacional de *Boca del infierno* fue una excelente oportunidad para que varios editores conocieran el catálogo de Companhia. Muchos comprobaron la calidad literaria de los libros publicados en los primeros años y empezaron a invitarme a cenas privadas o a cócteles muy especiales.

Boca del infierno, a pesar de ser un libro muy bueno, no consiguió dar beneficios a los editores internacionales, pues los anticipos que acabaron pagando tras aquella inesperada subasta fueron desorbitantes. Fue entonces cuando empecé a preguntarme acerca del funcionamiento del mercado, por los métodos no siempre profundos, ni literarios, de las mejores editoriales del mundo, a las que llegué a conocer íntimamente. Unos meses después de la feria, sufrí una fea fractura del ligamento del tobillo. Tuve que someterme a una operación cuya recuperación requirió dos meses de reposo y fisioterapia. Durante todo aquel tiempo parado, me fui desanimando y viendo cómo disminuía mi idealismo hacia la profesión de editor. Se tambalearon algunas de mis certezas profesionales. Dejé de ir a ferias no esenciales, como la de Estados Unidos, que en aquel momento todavía era muy popular. Fue el primer esbozo de depresión adulta de mi vida.

Imaginé una novela como respuesta a mi incipiente desilusión, pero solo escribí unas pocas páginas. La trama se centraba en un editor que idealizaba la literatura, del mismo modo que el pianista mitificaba la música en el texto que escribiría años después. El editor se desilusionaba con el mercantilismo de la profesión, le daba una especie de arrebato y preparaba una novela falsa para negociar en Fráncfort. Producía una portada falsa, una solapa falsa, críticas falsas y listas de libros más vendidos falsas.

La novela inexistente giraba en torno al descubrimiento de una partitura que Berlioz habría compuesto a partir de una obra desconocida de Shakespeare. El libro se vendía en la feria a editoriales del mundo entero y el editor volvía a Brasil con el encargo de escribirlo. Se refugiaba en Atibaia, desde donde enviaba una carta a su novia. Era una ridícula parodia de la carta-testamento de Getúlio Vargas. La misiva era también un cúmulo de citas de sus autores favoritos, de Raymond Chandler a Jorge Luis Borges, Machado de Assis y Albert Camus. Creo que terminaba con «salgo de la historia para entrar en la literatura». La novia deduce entonces que el editor podría haber ido a las ciudades de los escritores mencionados, y sale en busca de su compañero, siguiendo un guion policial a partir de las obras más importantes de cada autor, mientras él se halla en realidad en un lugar carente de encanto literario. Al final, en Atibaia solo consigue escribir un cuento, muy bueno pero insuficiente para entregarlo a los editores, que habían comprado los derechos de una novela.

Le conté a Rubem Fonseca el argumento del libro. Yo estaba tan chalado que le pregunté si escribiría el cuento, de excelente calidad, para insertarlo en la novela mediocre que escribiría yo. Rubem respondió con sabiduría: «El cuento, de excelente calidad, es lo más fácil. Lo difícil es escribir todo lo demás».

No sé cuál de los borradores de novela que escribí en períodos de depresión era peor. Ambos revelan una total falta de talento para la narrativa de ficción larga y una excesiva creencia en ideas preconcebidas, y ninguna profundidad en el tratamiento de los personajes. Lo mismo ocurrirá después con la novela sobre mi padre, aunque las primeras, escritas con diversos grados de agitación maníaca, estaban a un nivel aún más bajo. Esas dos cuasinovelas no eran, de hecho, metáforas mucho mejores que la utilizada por el famoso psiquiatra. Eran más caudalosas. Por lo menos tenía como excusa el estado en que las había escrito.

Los años de trabajo en el sector editorial deberían haberme impedido embarcarme en aventuras tan desastrosas. Por suerte, siempre tuve menos ilusión al escribir que sentido crítico al leer. O me ayudaron terceras personas. Los dos textos surgieron en momentos en que la frenética velocidad de mi vida interior obstaculizaba la autocrítica.

De todos modos, la novela sobre el editor describe un período en el que empezaron a asaltarme algunas dudas sobre la profesión. Aun así, hay mucha pretensión, disfrazada de parodia. Es posible que la embriaguez del segundo momento de éxito profesional de mi vida, de la editorial Brasiliense a Companhia das Letras, comenzara a disiparse. El personaje del editor idealista suena hoy en día como el esbozo del pianista frustrado. Y la minidepresión de 1990 como un esbozo de la que se produciría, de forma aguda, nueve años después. En ese intervalo, fui cuestionando poco a poco otras certezas, en un proceso que quizá me liberara de un delirio de ego más significativo, pero que al mismo tiempo me empujó a la depresión.

El tratamiento para ese primer síntoma de depresión me lo dio en 1990 mi médico de cabecera de entonces. Tomé Prozac y tuve una alergia que me provocó una inflamación en todas las articulaciones del cuerpo y manchas rojas en la piel. Al médico le entusiasmó la «belleza» de mi caso, para él un interesante acontecimiento clínico-científico. El uso de esos términos y la alergia extendida por todo el cuerpo me llevaron a prescindir de ese doctor y a abandonar el Prozac.

En cualquier caso, en el preludio o en plena depresión, el editor y el músico que mitificaban el arte y se desilusionaban, y el niño que deseaba no tener que crecer prematuramente eran una sola persona.

14

LIBRO DE MEMORIAS

Los tres primeros meses tras la grave crisis depresiva de 1999 fueron de reclusión total. Después, mejoré un poco y volví a trabajar. La llegada a la editorial fue muy emocionante. Solo dos personas sabían con cierto detalle lo ocurrido; los demás debían de haber oído que estaba deprimido. Ese día recibí mucho cariño, lloré un montón y me sentí bien.

Pero la vida seguía sin ser la misma. A finales de año, inauguramos nuestra casa de campo principal, la que estaba en construcción cuando Lili volvió de Portugal. Invitamos a dos parejas de amigos íntimos y a sus hijos. Estos amigos eran los únicos que seguían de cerca mi depresión. Se trataba del estreno oficial de la casa con la que habíamos soñado.

Todo parecía ir bien al principio, pero en Nochevieja, uno de los perros que vivía allí se asustó con los fuegos artificiales y desapareció. Pasamos dos días desesperados buscando a Fred, que se había refugiado en una especie de sótano de la pequeña casa que habíamos levantado cerca del río para poder supervisar la construcción. Luego hizo muy mal tiempo y una niebla espesa rodeó la casa varios días. No podíamos ver nada a un palmo de distancia. Era una situación difícil para cualquiera, pero insostenible para alguien deprimido. La naturaleza acaba funcionando de forma metafórica en la cabeza de la persona deprimida, que necesita poder ver con claridad y recibir el calor del sol. Para entonces solo estábamos Lili y yo con nuestros hijos y los de nuestros amigos. Sabíamos que el mal tiempo no era favorable para las personas deprimidas, pero en aquel momento me creía prácticamente curado y no daba importancia a las previsiones meteorológicas. La prolongada tormenta de 1999-2000 en la sierra de la Mantiqueira no tuvo parangón, ni en el pasado ni en la actualidad.

En la montaña me di cuenta de que no estaba curado, ya que aquellas densas nubes me afectaron mucho. Para complicar las cosas, todos los días nos llegaban noticias de nuevos desprendimientos que bloqueaban las carreteras en varios puntos. Tras días sin electricidad, la comida congelada empezó a estropearse. El asedio de la niebla y la información sobre el estado de las carreteras nos infundió pánico y decidimos volver. Salimos a toda prisa y, milagrosamente, no quedamos bloqueados en el camino. En mi estado, habría sido un desastre. La familia del cuidador de la casa quedó atrapada durante un día en la carretera a Campos do Jordão. Él solo pudo salir de su casa utilizando una liana.

Después del frustrado fin de año, Lili quiso llevarme a la playa. No teníamos autorización de la psiquiatra para ir a ningún sitio los dos solos. La presencia de otra persona para ayudar en caso de emergencia era obligatoria. Así que nos acompañó su madre. Cuando llegamos, caía una lluvia monumental en la costa norte de São Paulo. Al mismo tiempo, un defecto en la caldera provocó una inundación, justo en nuestra primera noche. Al igual que las tormentas, las inundaciones de todo tipo pueden agudizar una crisis depresiva. Para colmo, Lili se cayó y se rompió dos costillas al intentar achicar el agua. Yo apenas alcanzaba a tomar alguna decisión práctica, como utilizar una escoba de goma, por ejemplo, y me costó socorrer a Lili y llevarla a un hospital. El accidente me dejó aterrado, casi inerte. Cuidar de los demás siempre había sido mi punto fuerte, pero en la depresión perdemos incluso nuestras cualidades esenciales.

Con el calentador roto, nos trasladamos a otra casa, Lili disimulando su dolor. Caminábamos por la playa, cuando ella podía aguantarlo. Los paseos me sentaban bien, pero los medicamentos seguían sin ser los adecuados y la cura estaba lejos de producirse. Después de esa estancia en la playa apenas he vuelto a ese lugar.

Tampoco otros viajes de esa época terminaron muy bien. Me recuperé un poco y le dije a Lili que quería llevarla a Nueva York. Allí tuve una fuerte crisis, a pesar de ir al teatro o a oír conciertos todas las noches. Lloré mucho al ver *El Rey León*, que entonces era el musical más popular de Broadway. Y no porque el núcleo de la trama fuera la pérdida del padre, sino por puro descontrol o autocompasión exacerbada. Fue ridículo el espectáculo paralelo de ese hombre adulto ahogándose en lágrimas en *El Rey León*. Habíamos ido a Broadway para contentar a Lili, que desde niña era fan de las animaciones de Disney. Sería una prueba de que yo podía no ser siempre el centro de atención y que era capaz de hacer algo exclusivamente para complacerla. No salió bien.

En otra ocasión, creyendo estar en buenas condiciones, fui a Bonito —capital del ecoturismo— con Pedro, donde constaté que la depresión subvierte hasta el paisaje. Lo que me angustió en Mato Grosso del Sur fue la excesiva calma de la planicie, la falta de accidentes geográficos. Se me cerró la garganta ante la belleza de ese cielo siempre despejado y de los ríos transparentes. Era como si el vacío del cielo fuera apenas un eco de mi vacío interior. Hice todo lo posible para que Pedro no se diera cuenta de mi estado, e intenté aguantar hasta que el viaje terminara.

Sería natural imaginar que después de tanto tiempo, y en condiciones saludables, puedo contemplar lo sucedido en Juquehy y Nueva York con sentido del humor judío, y vislumbrar el lado tragicómico de semejante sucesión de contratiempos. Este tipo de humor forma parte de mi vida, así es como veo el mundo, mezclando llanto y risa, pero no logro aplicarlo a los momentos de depresión. Con ella no hay lugar para lo gracioso, ni cuando se vive ni como recuerdo.

La crisis depresiva llegó a su fin en realidad con un nuevo cambio de médico. Fue el tercer psiquiatra el que por fin acertó con la combinación de medicamentos, además de establecer mejor diálogo conmigo. Se llama Márcio dos Santos Melo. Como los primeros médicos, Márcio cambió tanto el antidepresivo como el estabilizador del ánimo. Debí probar al menos cinco antidepresivos y tres o cuatro estabilizadores en un año. Esta vez funcionó. Lo más curioso de Márcio es que me lo pasó André. Era su psiquiatra. Si, como dicen, la enfermedad también se transmite genéticamente, decidí probar suerte con el médico que hacía tiempo trataba bien a mi padre. Otra curiosidad es que, justo cuando las cosas empezaban a ir bien trabajando juntos, Márcio me comunicó que dejaba la consulta. Pretendía llevar a cabo una investigación, fuera del país, sobre estrategias no farmacológicas en la cura de los trastornos del estado de ánimo. No sé lo radical que era su tesis, solo que uno de sus focos era la fototerapia. En mi caso, el sol por sí solo no resolvería el problema, aunque sí ayudaría. Cuando me contó sus planes, me pareció bien, pero me sorprendió. El susto duró poco, ya que Márcio me remitió a una colega, Euthymia Brandão de Almeida Prado que, desde entonces, forma parte de mi vida. Hizo los últimos ajustes en las dosis de los medicamentos que ya estaban en el camino correcto y estuvo atenta a todas las oscilaciones que se produjeron. Con el tiempo ha ido haciendo los cambios necesarios, habituales en el tratamiento de la depresión.

Como puede verse por el reciente episodio en la pista de esquí, la depresión no me ha abandonado del todo. Permanece inactiva durante meses o años, pero a veces aparece con alteraciones del sueño, o a causa de las mismas. Además, hay que ajustar la medicación cuando cambia alguna cuestión química o psicológica. La protección profesional y personal que me brinda Euthymia, así como Maria Elena, es hasta hoy fundamental para mí. Sin ellas, no estaría escribiendo estas memorias o la historia sería más extensa y dramática.

Empecé también a hacer ejercicio a diario. La equitación, que practiqué durante diez años, y correr al aire libre, lo que sigo haciendo, jugaron un papel terapéutico indudable. El deporte se suma al psicoanálisis y a la medicación como actividad esencial. Si uno se queda en casa, sin contacto con el sol, sin aire puro y sin la adrenalina del deporte, la depresión se impone y la curación es más lenta.

Hay muchos momentos en los que un enfermo de depresión imagina que está curado o cerca de la estabilidad, sin estarlo realmente. En estas ocasiones, el psicoanálisis o el cambio de medicación ayudan. Ahora que estoy bien, tengo auténtico pavor a reajustar la medicación, aunque a veces es necesario. La última vez que lo hice, empecé a tomar litio. Tenía un gran prejuicio contra este fármaco, incluso miedo, porque el uso del litio suele asociarse a pacientes graves. Comencé a tomarlo en dosis bajas y descubrí que es el mejor estabilizador del estado de ánimo que he probado nunca.

Mucho antes de eso, en uno de los momentos en que creí estar bien, trabajando ya a tiempo completo, recibí una llamada de la Montblanc de Brasil. Me pareció extraño, pero decidí contestar de todos modos. Así supe que el fabricante de plumas y relojes había decidido crear un premio anual que entregaría a una personalidad del ámbito cultural. Yo era el primer elegido. El premio consistía en una pluma de edición limitada, que llevaría una piedra preciosa como adorno y cambiaría año tras año. Los modelos eran siempre en honor de un escritor famoso, en mi caso Agatha Christie y tenía una esmeralda en el clip.

Debía acudir a una ceremonia matutina en el Museu da Casa Brasileira, lugar donde se había celebrado la fiesta de inauguración de la editorial. Me alegré mucho. Soy muy tímido con los premios, pero este llegó en el mejor momento posible, para levantarme la moral de una vez para siempre. Esperaba que la ceremonia sería más importante de lo que fue, que habría invitados y periodistas del área cultural. Sin embargo, al evento asistieron básicamente representantes de Montblanc, vendedores de plumas, relojes y maletines de cuero, procedentes de todo el país.

En el camino que recorrimos a pie desde mi casa hasta el museo —el mismo que había recorrido con Lili y Júlia trece años antes— comencé a sentir que algo no andaba bien; estaba muy emocionado. Le di la mano a Lili y caminamos en silencio hasta llegar allí. Ya estaba muy emocionado antes del evento. Desde la depresión o puede que antes, Lili ha aprendido a notar cómo me encuentro por la expresión de mis ojos. Es el ideal que siempre busqué, que me entiendan sin hablar. Nuestro afecto y conocimiento mutuo nos ha llevado a ello, y en un momento dado mis ojos comenzaron a expresar de forma explícita mi estado, sobre todo cuando me sumía en el desánimo o depresión. Así que, además del tono de voz más bajo, mi mirada posee contenido expresivo, como le pasaba a mi padre. Lili siempre dice que en los malos momentos mis ojos disminuyen de tamaño, no se abren con convicción, como si necesitaran protegerse de la luz, o sintieran vergüenza del entorno. Así es como fui a la ceremonia de entrega de premios.

A nuestra llegada, vi que el acto se celebraba en la sala donde inauguramos Compañía das Letras. No reconocí a nadie del público. Anunciaron el premio y me pasaron el micrófono. Comencé a hablar y apenas me salía la voz. Había pensado pronunciar un agradecimiento protocolario, pero en ese momento cambié de opinión. Solo recuerdo haber dicho que la editorial se había inaugurado en esa misma sala. Después de eso, no volvió a salirme la voz. Y rompí a llorar en presencia de personas totalmente desconocidas, para la incomodidad general.

El responsable de Montblanc, al darse cuenta de que algo iba mal —que mis escasas palabras no servían para el marketing de la empresa ni eran adecuadas para el público allí reunido—, me quitó el micrófono de las manos sin ningún pudor. Salí del museo a toda prisa y casi olvidé llevarme la pluma.

Años más tarde, cuando escribía los cuentos que reuní en *Discurso sobre o capim*, me vino a la mente el episodio del museo. Uno de ellos, que titulé «Livro de memórias», trata de un ejecutivo que «gana» un premio tipo «El hombre del año» que, a diferencia del mío, han comprado para él su equipo de marketing. En la ceremonia de entrega, cuando se le concede la palabra, su voz flaquea y, en lugar de hablar de sus logros empresariales, empieza a describir su colección de cuadros, en particular el primer lienzo importante que adquirió, una marina donde aparecen matas de hierba en medio de la arena. La descripción de la pintura se basa en el primer cuadro significativo de mi colección. El protagonista pregunta entonces, a sí mismo y al público presente, cómo esa hierba ha ido a parar ahí, en un terreno árido e inapropiado. Esa fue la imagen que encontré para cerrar el libro de relatos, una metáfora que también sirve para la literatura en general: algo resiliente, que se nutre de la casualidad, además de nacer y desarrollarse de formas inesperadas.

Así, las memorias del empresario de éxito se componían de recuerdos de momentos de su infancia, que están en los cuentos del libro, o se reflejan en personajes muy diferentes a él: fontaneros, lavanderas, vendedoras de rosquillas…

Cuando el personaje se pone a divagar sobre la presencia de la hierba en la arena, le retiran la palabra, como me pasó a mí. Sin embargo, en la historia es el equipo de marketing de su conglomerado de empresas el que le impide seguir hablando, y pasa entonces a enumerar sus logros como emprendedor. Al oír lo que se dice de él por el micrófono, el empresario se pregunta quién podría escribir su biografía y recuerda dos episodios que le gustaría que se relataran. A continuación, piensa que preferiría escribir él mismo un libro de memorias que ser objeto de una biografía. En la obra contaría la historia de la primera vez que fue al colegio solo y se bajó en la parada de autobús equivocada, por lo que llegó después de que sonara el timbre y se perdió la clase. También describiría la primera vez que pisó un prostíbulo, y que abandonó furioso la habitación cuando le llamaron bebé en la cama. Al final, dice que si un día se escribe el libro, su título será *Discurso sobre o capim* («Discurso sobre la hierba»).

De este modo, los cuentos de *Discurso sobre o capim*, que tratan sobre la infancia (la mía), sobre mi padre y mi familia, o sobre la vida de personajes poco grandiosos, componían en realidad las memorias del empresario en cuestión.

No he podido evitar recordar otro de mis textos, esta vez uno que se llegó a publicar pero que hoy no sé si mandaría a la imprenta. Al aventurarme a escribir aquí unas memorias parciales, mi personaje, el empresario deprimido, parece tener más sentido.

En este libro decidí relatar solo mi infancia y vincularla con la depresión. No me siento cómodo escribiendo sobre mis logros en la editorial Brasiliense ni en Companhia das Letras. Ya he contado parte de las historias que viví en el blog de Companhia das Letras, pero esos textos están destinados a jóvenes editores y editoras, o al lector interesado en episodios de la vida del libro en Brasil. Fui fiel al personaje de *Discurso sobre o capim*.

Por eso, al imaginar estas memorias, pensé que debían cerrarse con la inauguración de Companhia das Letras, aunque la editorial aparezca aquí y allá, en las idas y venidas de la narración. Quería dejar claro hasta el final que este es un libro sobre una infancia particular, sobre la enfermedad que marca mi vida familiar de diversas maneras, y en cierto modo sobre una búsqueda incesante, relacionada con mi padre, que intenté transformar en literatura en múltiples ocasiones, una búsqueda que necesitaba adoptar otro formato. No he ocultado mi posición social en el libro. Pero la depresión afecta a personas de toda clase social. Los más ricos están mejor capacitados para identificarla y tratarla. En la salud, como en todo, nuestro país es profundamente injusto.

La historia de mi depresión es lo que está detrás de una narrativa de éxito, que no aparece. Para señalar bien el alcance del libro, quiero terminarlo contando exactamente lo que ocurrió en la inauguración de la editorial, esto es, en la víspera del nacimiento de aquello con lo que la mayoría de las personas que me conocen relacionan mi biografía.

Acababa de regresar de mi primera Feria del Libro de Fráncfort con Companhia das Letras. La editorial no había publicado ningún libro, pero ya despertaba cierto interés. Yo era más o menos conocido en la prensa por mi labor en la editorial Brasiliense y anunciaba la creación de una nueva editorial literaria, con una forma personal de entender la calidad gráfica de las publicaciones como expresión de respeto al trabajo de los autores. En la feria tuve un grave problema de salud. El segundo día, todavía en el taxi, antes de llegar a los pabellones, empecé a sentir los fuertes dolores que caracterizan una crisis renal. El conductor no me hizo caso cuando le pedí ayuda. De camino al estand brasileño era tanto el dolor que me caí al suelo. Una editora a la que conocía caminaba delante, pero no pude llamarla.

Llegué al estand con mucho esfuerzo y, desde allí, me llevaron directamente al hospital. Estuve internado dos días, los médicos solo hablaban en alemán y me indicaban con las manos que mi riñón izquierdo se había desplazado a la región pélvica. No sabía hasta entonces que tenía un riñón pélvico congénito. No quisieron darme el alta ni siquiera cuando el dolor hubo desaparecido. Tuvo que venir mi padre desde Brasil para que yo pudiera salir. Recuerdo el orgullo estampado en su rostro mientras caminaba conmigo por la feria el sábado antes de subir al avión de vuelta a casa.

Cuando regresé a Brasil, fui al médico, que no supo decirme si solo había tenido una piedra en el riñón o algo diferente relacionado con el hecho de tener un riñón pélvico. Unos días después, como consecuencia del problema renal, sufrí una infección urinaria tremenda.

El lanzamiento de la editorial tuvo lugar en el Museu da Casa Brasileira. Esa misma noche se celebró una cena de presentación de la campaña de Fernando Henrique Cardoso como candidato a la alcaldía de São Paulo, en el Club Pinheiros, situado frente al museo.

La inauguración de Companhia das Letras atrajo mucha más atención de la que habíamos imaginado, y un sinnúmero de personas que habían asistido a la cena del político decidió cruzar la calle y pasarse por nuestro evento. Así, a la media hora de nuestra llegada, el museo estaba repleto de gente. Había diez veces más invitados de lo esperado.

Fuimos caminando al museo. Lili y Júlia estaban muy guapas, y yo muy nervioso. Pedro solo tenía un año y no pudo ir. El recuerdo del beso que le di al salir y de los tres recorriendo aquellas dos manzanas de la avenida Brigadeiro Faria Lima hasta llegar al museo está vivo como si aquello acabara de ocurrir. A veces me acuerdo de Júlia y pienso en mis nietas en su lugar. A Zizi y Alice les encanta leer, y hoy representan tanto en mi vida que me imagino a una u otra con el vestido de flores rojas y blancas y los zapatos rojos que su madre lució aquel día.

Al llegar al evento, mi infección urinaria empeoró. Tal vez, combinada con el nerviosismo del momento, quiso captar toda mi atención. Pasé parte del tiempo en el baño, al que acudía cada cinco minutos, mientras mi familia y los primeros empleados de la editorial recibían a los invitados en mi lugar, con valentía.

Cuando mi cuerpo me daba una tregua, salía del baño y volvía a la fiesta. Era como si llegara a la inauguración de Companhia das Letras cada cinco minutos y, mirando a toda esa gente, me preguntara: ¿qué estará pasando en esta sala?

LUZ DE LUNA AUSENTE

La organización clandestina en la que Tomás se alistó no siempre simpatizaba con los esfuerzos del líder sueco, que era visto con recelo. En un principio, Wallenberg obtuvo el permiso del gobierno húngaro y de Eichmann para expedir cuatro mil quinientos pases para que los judíos con familia en su país, o con una conexión estrecha, salieran de Hungría. Mientras se tramitaba la emigración, la embajada sueca alojaba a sus protegidos ya no en residencias marcadas con la estrella de David, sino en casas alquiladas que ostentaban en la fachada la bandera amarilla y azul. Otto se encargó de erigir mástiles y enarbolar banderas suecas en varios puntos de Budapest. La fuerza nazi húngara, conocida como la Orden de la Cruz Flechada, desobedecía con frecuencia el acuerdo del gobierno con Wallenberg y atacaba los puntos supuestamente protegidos. También hacía caso omiso de los diversos armisticios en la persecución de los judíos, que impedían la continuación de las deportaciones. Con el tiempo, Otto se convirtió en uno de los hombres de confianza de Wallenberg. Se encargaba de la expedición de pases, conducía coches de la embajada y llevaba suministros a los judíos protegidos por su líder. El grupo partisano en el que militaba Tomás comenzó a falsificar los pases de Wallenberg y a distribuirlos abiertamente. Las copias eran bastante burdas y llegaron a entorpecer las gestiones iniciales de la embajada sueca, dando argumentos a los nazis contra el trabajo del explayboy. Es posible que Otto colaborara con su amigo Tomás, llevando pases para que los copiaran en las rudimentarias máquinas de la frágil resistencia judía de Budapest. Más tarde, Eichmann logrará su objetivo y el gobierno húngaro permitirá la deportación en masa de más de quinientos mil judíos. Para entonces, al propio Wallenberg ya no le importaba que se falsificaran los pases y empezó a seguir a los judíos en las marchas de la muerte, distribuyendo él mismo salvoconductos previamente inexistentes, fingiendo conocer a los deportados personalmente, tratando de apartarlos del camino que los conduciría a las cámaras de gas de Auschwitz, Birkenau y Bergen-Belsen. Otto tuvo sus momentos de heroísmo cuando, junto con su jefe, se colocó delante de batallones de militantes de la Cruz Flechada, que amenazaban a los judíos con bayonetas, en medio de la marcha. En las convulsiones políticas, cuando Wallenberg ganaba un asalto en su lucha con Eichmann y el envío de judíos a los campos de exterminio disminuía, los fanáticos nazis húngaros entraban en acción y llevaban a cabo más ejecuciones públicas. Elegían las víctimas al azar y las fusilaban o arrojaban a los habitantes del gueto al gélido río Danubio, atando un superviviente a un judío recién ejecutado. Un judío asesinado a tiros llevaba a un judío vivo a morir ahogado. Se dice que las aguas del Danubio amanecían con un color rojizo en la época de las ejecuciones de la Orden de la Cruz Flechada. Como los fusilamientos tenían lugar en plena noche, cuentan también que nunca la luz de la luna estuvo tan ausente en Budapest. Cuando ocurría otra muerte por fusilamiento en algún callejón de la ciudad, Láios miraba al cielo y rezaba para que la luna brillara más fuerte esa noche, protegiendo a su familia, a sus amigos y a los judíos en general. ¿De qué sirve una luna omisa y cómplice de las matanzas?

El fragmento anterior pertenece a la novela nunca publicada *Luz de luna ausente*, que combina la vida de mi padre con lo imaginado por mí sobre él y algunos momentos ficticios. András aparece en él como Tomás, pero Láios, mi abuelo, es realmente Láios. Es el abuelo que no conocí y que reza para que brille la luna.

En la ficción, la oración une a tres generaciones. Creo que deseo que un hombre tan religioso como mi abuelo dirija desde algún lugar sus oraciones a mi familia. Llevo su nombre y su *talit*, pero solo he visto una fotografía suya en la que mira muy serio a la cámara. Y no me cabe duda de que Láios rezó por el hijo al que empujó para que escapara del tren. Jamás hubiera podido imaginar que tendría un nieto, una bisnieta, un bisnieto y dos tataranietas brasileñas. Le alegraría, sin duda, saber que voy a la sinagoga y que algunos de mis familiares también lo hacen. Sin embargo, estoy seguro de que, en términos de religión, lo que hago le parecería muy poco.

Paseando sin rumbo, poco después de terminar la primera versión de este libro, me di cuenta de que *El aire que me falta* y *Luz de luna ausente* son títulos muy similares. La falta de aire o de luz de luna entrelaza la vida de mi abuelo y de mi padre con la mía.

No he querido tratar aquí la cuestión de la condición heredable de la depresión, que se aborda magistralmente en libros científicos y de divulgación. Aun así, sabemos que hay desencadenantes que activan o no algo en nuestro ADN. Si la depresión fuera simplemente una herencia, sería mucho más fácil de tratar. También sé que hay libros que relacionan el trastorno bipolar con factores que llevaron a genios de la humanidad a expresarse intelectual y artísticamente de forma sublime. Siempre reaccioné negativamente a esta idea y terminé por no leer bibliografía al respecto. Puede que de esta manera esté cometiendo una injusticia, pero creo que la creatividad de los grandes artistas, pensadores y pensadoras no deriva exclusiva o mayoritariamente de la energía maníaca. Ni siquiera los simples profesionales obsesivos como yo pueden agradecer la productividad alcanzada a la existencia de rasgos bipolares en su personalidad. Para mí, la enfermedad que ocupa el lugar central de este libro se traduce en puro sufrimiento. No pertenezco a ningún grupo identitario de orgullo bipolar, y lamento profundamente los problemas que he causado, problemas que en buena parte se derivan de esta patología.

El silencio y la depresión de mi padre generaron en mí una larga búsqueda. Por eso aparece tanto en mis textos. Por eso todavía lo busco en la sinagoga, en las cenas de sabbat, en el cementerio, en mis visitas a sus dos amigos del Hogar de Ancianos y en tantos otros lugares. Por eso mi luto fue tan largo.

Mi madre está viva, fuerte y lúcida. Nuestra relación es en la actualidad muy bonita y plena. En los momentos difíciles que vivió con mi padre, no siempre respondí con la admiración que ella merecía. Incluso sin tomar partido, quizá tendía a prestar más atención al bando que consideraba más débil. Hoy espero poder contrarrestar todo eso. Debido a los problemas que tenía con su madre y su marido, Mirta se apoyó en su padre y en mí. Sufrió con resignación la pérdida de sus hijos y las desgracias de la vida conyugal. Pero disfruta de una vejez feliz que tal vez compense aquello por lo que pasó.

Muchas veces oigo decir que cada vez me parezco más a André. No sé juzgar, pero noto que cada vez hablo menos, o muy bajito, como él; y que mis ojos pueden expresar tristeza, como los de mi padre, aunque a su manera.

Este libro se construyó sobre una larga historia de silencios. El silencio presente en la personalidad de Láios, en sus cultos clandestinos y en su vida como prisionero en un campo de concentración. El silencio duradero de André después de que su padre lo salvara cuando se dirigía hacia la muerte en Bergen-Belsen. O mi silencio como hijo y nieto único, temeroso de la fragilidad de sus padres. Ahora, a pesar de que la depresión está controlada, hay mucho más silencio en mi vida. No es solo una consecuencia de lo ocurrido. Es también una elección. El silencio me es útil profesionalmente. La lectura tiene lugar en silencio y el trabajo de un editor consiste básicamente en saber leer.

Por lo tanto, mi contribución profesional proviene sin duda del uso correcto del silencio. Escribir este libro es otro desvío en mi trayectoria. Responde a lagunas en la relación con mi padre, y no refleja ningún deseo de inversión de papeles. Después de los libros de cuentos y el intento fallido con *Luz de luna ausente,* me prometí que me conformaría con ser simplemente un buen lector. Pero las historias de *El aire que me falta* tenían que salir a la luz.

Aquí ya no invento ninguna ficción para llenar el silencio de mi padre. Comparto mi silencio con quienes quisieron conocer las historias de Láios, András y las mías.

Para que así pueda volver a leer.

São Paulo, septiembre de 2020

AGRADECIMIENTOS

Antes de decidirme a escribir este libro, tuve algunos instigadores muy importantes. El primero, con el que perdí el contacto, fue el antiguo editor de Penguin Random House de México, Ricardo Cayuela, quien, en una reunión de las casas latinas del grupo, al oír que yo intentaba escribir una novela sobre mi padre, me aconsejó que escribiera un libro de no ficción. Su opinión se me quedó grabada en la cabeza durante años.

Drauzio Varella, más recientemente, en una comida en la que mencioné mi deseo de hablar sobre mi depresión en un libro, fue firme y rotundo. Me instó a escribirlo y a mostrar aspectos desconocidos de una vida en apariencia exitosa. Cuando empecé, después de lo ocurrido durante la temporada de esquí, me siguió de cerca con palabras de ánimo. Una vez hube terminado el primer borrador, quiso leerlo, en plena crisis del covid-19. Drauzio tenía la agenda más ocupada del país y aun así encontró tiempo para revisar la versión preliminar del texto. Sin su apoyo, con el que conté desde el momento en que el libro era un deseo inconcreto hasta la realización final, este libro no habría visto la luz.

Como habrá notado el lector de este libro, todos mis éxitos en la vida se los debo a Lili. Me conoce tan bien que, cuando hago algo, ni siquiera sé si estoy al mando o si solo soy un robot de su bondad y su amor. No hay explicación posible para lo que nuestro reencuentro —cuando yo no había cumplido los diecisiete años y ella solo tenía quince– provocó en mi vida. Hasta la fecha, el aniversario de la primera vez que salimos y fuimos al Cine Bijou para ver *Macunaíma* es mucho más importante que mi propio cumpleaños. Allí nació la persona que soy hoy, o mejor dicho, solo el lado bueno. Lili siempre quiso que escribiera más, y se ofreció a ser mi lectora más rigurosa cuando llegó el momento de nuevo.

Júlia y Pedro hicieron lo mismo. Mis hijos también leyeron el texto más de una vez y me apoyaron en todas mis dudas y angustias. Los tres contribuyeron inmensamente al resultado final. Y contribuyeron incluso antes de que se escribiera el libro, de la manera más importante. Superé la depresión gracias a Lili, Júlia y Pedro. Por el cariño que tuve en ese momento y que continúa hasta hoy, y que cada vez es mayor. Espero que para los tres leer esta historia haya sido más alegre que triste, aunque revivir esos momentos no fuera algo fácil para ninguno de nosotros. Pero quizá transformar tanta tristeza en un libro sea el mejor final feliz para esta historia.

El grupo de lectores iniciales del libro contó también con Maria Elena Salles y Euthymia Brandão de Almeida Prado. En *El aire que me falta* está claro que fueron y son ángeles que me acompañan. Euthymia aportó valiosas sugerencias desde el punto de vista médico. La participación de ambas en el libro me hizo añadir un merecido agradecimiento más a los muchos que ya les debía. Muchos años después de la depresión, cuando ya había sido dado de alta del psicoanálisis, una crisis existencial me llevó de nuevo a terapia. En esa ocasión Luiz Meyer me ayudó y evitó una recaída más importante.

Luiz Orenstein mostró rápidamente interés por la lectura y fue, como siempre, un amigo muy presente. Lo leyó con cariño, de un día para otro, y me ayudó a sentirme tranquilo frente a su publicación. João Moreira Salles leyó el texto con redoblada atención y me obsequió con críticas sagaces y con una generosidad sin igual en sus comentarios. Carlos

Jardim, amigo desde no hace mucho, me dio ánimos en un momento fundamental. Bernardo Carvalho y Michel Laub, cuando supieron que estaba escribiendo, se ofrecieron a leer el libro e hicieron muy buenas sugerencias. Sidarta Ribeiro acometió una lectura llena de empatía.

Otávio Marques da Costa, Ricardo Teperman, Matinas Suzuki Jr. y Marcelo Ferroni también se encuentran entre los primeros lectores de este texto. Recibí de todos ellos el mejor de los estímulos, sazonados con las críticas que el texto merecía.

Otávio y Ricardo siguieron el proceso con sugerencias hasta el final, todas ellas excelentes. Cambiaron el libro de manera significativa. Lidiaron con un autor muy difícil, al fin y al cabo, en casa de herrero cuchillo… Sin duda, muchos de los defectos del libro provienen de sugerencias que no he seguido. Lucila Lombardi y Daniela Duarte leyeron los primeros capítulos y se mostraron muy receptivas al regreso del escritor más que esporádico. Mariana Figueiredo leyó el texto con el afecto de una amiga, y gran sobriedad profesional.

La posible calidad en la escritura se las debo a Márcia Copola, que contribuyó sin piedad, con su detallada preparación del texto sin igual. Lucila, una vez más, complementó el excelente trabajo. Alceu Nunes acogió el libro y, con su competencia y amistad, le dio la cara que yo más deseaba. Discreto y puramente gráfico.

Simon Krauz y Magda Vadás, los dos amigos de mi padre con los que hablé para reconstruir su historia, fueron siempre muy generosos y afectuosos. Querían mucho a mi padre y me transmitieron parte de ese amor. Una vez terminado el libro, llamé a Magda al Hogar de Ancianos donde vive. Hablé con ella por teléfono, ya que no se permitían las visitas. Su cuidadora me dijo entonces que Simon había muerto de coronavirus al principio de la pandemia. No trasladé esta información al libro, quería que en *El aire que me falta* apareciera el «Shimi» con vida. Mi intención era mantener la descripción de mi última visita, cuando una vez más me confundió con André, y dijo que mi padre era el mejor hombre que había conocido en su vida.

Mi primo Tom Lanny me ayudó con una ingente y valiosa información. Tenemos opiniones diferentes en la vida, pero las diferencias son mucho menores que el gran amor que nos une. Es mi único primo, y yo lo soy de él. Y escribir este libro nos ha unido aún más.

A las personas que ya no están, Giuseppe, Mici y André, les dedico otras tantas declaraciones de amor. Soy un depósito infinito de cariño y gratitud por todo lo que me dieron.

Me reservo unas palabras para mis dos nietas, Zizi y Alice, responsables de la mayor parte de mi alegría actual. Si algún día leéis este libro, espero que entendáis al abuelo como un tipo con emociones fuertes, que tuvo momentos difíciles pero que ahora tiene la recompensa de vivir muy cerca de vosotras, entre viajes increíbles, GIF diarios, películas, canciones y buenas conversaciones. En la actualidad, mi papel más importante en la vida es ser testigo de vuestras peculiares sonrisas e inteligencia. A Luiz Henrique Schwarcz Ligabue le agradezco las grandes charlas y los manjares.

Unos meses después de escribir la primera versión de este libro, ingresaron a Mirta en el hospital con covid. Durante los cerca de veinte días que estuvo allí, solo una persona pudo acompañarla. De este modo, pasé con mi madre casi doce horas al día hasta que le dieron el alta. Después de los primeros días de mayor gravedad, cuando se sintió mejor, hablamos mucho y me contó un sinfín de historias. En un momento dado me dijo que lo que estábamos viviendo era como una repetición de lo que había ocurrido más de cincuenta años antes. En sus recuerdos, junto a su cama, yo la alimentaba en aquella época con leche en cuentagotas, o en pequeñas cucharas, debido a la úlcera que la afectaba junto con los sucesivos abortos. Las horas que pasé a su lado, en mi infancia, durante las innumerables convalecencias, son parte central de este libro. Así que a ella va el más especial de los agradecimientos.

Mirta leyó dos veces la primera versión de este libro. Tras la conmoción de la lectura inicial, llevó a cabo una más serena, tras la cual me dio total libertad para su publicación. Su postura fue valiente, acogedora y llena de sabiduría. Como siempre, mi madre quería lo mejor para mí. No puedo agradecerle lo suficiente todo lo que ha hecho desde que nací.

P.D.: Por último, un gran beso a Bartolomeu, esté donde esté. ¡Nunca olvidaré las horas sentado a su lado, ni sus lametones de amor incondicional! Y a Margot, por quien ahora puedo llorar.

P.D. 2: Tuve dos compañeros especiales durante la escritura del libro. Ludwig van Beethoven y Giacomo Puccini. Decidí que solo escribiría al son de la música de ambos compositores. Esto hizo que el trabajo fuera más profundo y placentero.

Papel certificado por el Forest Stewardship Council®